Pensar bem nos faz bem!

Dados Internacionais de Catalogação na Publicação (CIP)
(Câmara Brasileira do Livro, SP, Brasil)

Cortella, Mario Sergio
   Pensar bem nos faz bem! : 3. fé, sabedoria, conhecimento, formação / Mario Sergio Cortella. – Petrópolis, RJ : Vozes, 2015.

10ª reimpressão, 2023.

ISBN 978-85-326-4976-8

1. Conhecimento 2. Religião 3. Sabedoria I. Título.

15-00120   CDD-100

Índices para catálogo sistemático:

1. Filosofia   100

MARIO SERGIO CORTELLA

Pensar bem nos faz bem!

Pequenas reflexões sobre grandes temas

3

fé
sabedoria
conhecimento
formação

© 2015, Editora Vozes Ltda.
Rua Frei Luís, 100
25689-900 Petrópolis, RJ
www.vozes.com.br
Brasil

CONSELHO EDITORIAL

Diretor
Volney J. Berkenbrock

Editores
Aline dos Santos Carneiro
Edrian Josué Pasini
Marilac Loraine Oleniki
Welder Lancieri Marchini

Conselheiros
Elói Dionísio Piva
Francisco Morás
Gilberto Gonçalves Garcia
Ludovico Garmus
Teobaldo Heidemann

Secretário executivo
Leonardo A.R.T. dos Santos

Todos os direitos reservados. Nenhuma parte desta obra poderá ser reproduzida ou transmitida por qualquer forma e/ou quaisquer meios (eletrônico ou mecânico, incluindo fotocópia e gravação) ou arquivada em qualquer sistema ou banco de dados sem permissão escrita da editora.

Editor para autor: Paulo Jebaili
Apoio editorial: Thiago de Christo e Vivi Rowe

Diagramação: Sandra Bretz
Capa: Lilian Queiroz / 2 estúdio gráfico
Foto de capa: Raul Junior

ISBN 978-85-326-4976-8

Este livro foi composto e impresso pela Editora Vozes Ltda.

Os textos do livro foram compilados e adaptados a partir dos comentários do autor na coluna *Academia CBN*, apresentados em rede nacional, de segunda a sexta-feira, às 6h32, de julho de 2013 a maio de 2014. As reflexões não seguem necessariamente a ordem em que foram ao ar pela Rádio CBN e, embora organizadas pelos temas *Fé, Sabedoria, Conhecimento e Formação* (neste volume), não foram agrupadas em bloco em torno de cada um destes, de modo a preservar essa característica que a coluna tem no cotidiano.

Sumário

Visão crítica, 13

Autoimagem, 14

Tempo histórico, 15

Hecatombe, 16

Contemporaneidade, 17

Alienação, 18

Obrigatoriedade da formação religiosa, 19

Xingamento, 20

Simiesco, 21

Invenção, 22

Caminhada, 23

Simplicidade, 24

O perito, 25

Erudição, 26

Ordem metódica, 27

Distração atenta, 28

À flor da pele, 29

Poesia e encantamento, 30

Taumaturgia, 31

Independência, 32

Transigência, 33

Paradoxo, 34

Polícia e política, 35

Reflexão, 36

Sacudir as certezas, 37

Ponto de vista, 38

Formação de caráter, 39

Provocar o senso comum, 40

Desvio de foco, 41

Preferência, 42

Reação inteligente, 43

Término, 44

Morbidez atraente, 45

Reducionismo mental, 46

Acaso e providência, 47

Criança, 48

Imbecil, 49

Ilusão das aparências, 50

Idiossincrasia, 51

Originalidade, 52

Frustração, 53

Inversão desejada, 54

Aparente paradoxo, 55

Respeito encarnado, 56

Cautela inteligente, 57

Injustiça veloz, 58

Bisbilhotice, 59

Ansiedade fértil, 60

Fingimento sério, 61

Indiferença propositada, 62

Interpretação livre, 63

Alteridade benéfica, 64

Tédio informacional, 65

Prevenção, antecipação, 66

Aspiração sensata, 67

Similitude humana, 68

Tagarelice, 69

Ciência e propósito, 70

Conversa empolada, 71

Tédio valioso, 72

Laconismo, 73

A fonte original, 74

Tecnologia temerária, 75

Véspera, 76

Assepsia vocabular, 77

Existência labiríntica, 78

Humor inteligente, 79

A vida como enigma, 80

Perenidade estética, 81

Prazer passageiro, 82

Leveza essencial, 83

Política como escolha, 84

Imprecisão semântica, 85

Pluralidade idiomática, 86

Escrita tocante, 87

Retorno avaliativo, 88

Princípio cidadão, 89

Inconstância eventual, 90

Bibliofilia prazeroza, 91

Esquecimento útil, 92

Psicologização excessiva, 93

Malabarismo vocabular, 94

Autonomia da razão, 95

Ingenuidade analítica, 96

Errata, 97

Vaticínio arriscado, 98

Bons tempos, 99

Positividade da incompetência urbana, 100

Dormir a granel, 101

Diferencial biológico, 102

O engano que eleva, 103

Suavidade afetiva, 104

Compreensão ampliada, 105

Fidelidade enganosa, 106

Irritação criativa, 107

Presença enfadonha, 108

Confiança frágil, 109

Fonte generacional, 110

Retorno perene, 111

Autocrítica superficial, 112

Mito histórico, 113

Nacionalidade ambulante, 114

Eloquência manufaturada, 115

Automatismo sedutor, 116

Reciprocidade irada, 117

Precocidade aprazível, 118

Estupidez perigosa, 119

Perícia volátil, 120

A música como desafio, 121

Cansaço interrompível, 122

Proveito urgente, 123

Insistência honrosa, 124

Paz ativa, 125

Recusa à futilidade, 126

Perda multiplicada, 127

Boa lembrança, 128

Ingestão reveladora, 129

Decisão imediata, 130

Visão crítica

É necessário que sejamos capazes de olhar os fatos, perceber o que está acontecendo e não ter uma avaliação apressada, movida tão somente pelo calor da situação. Existe uma frase antiga na Filosofia que gosto sempre de repetir: "Quem menos sabe da água é o peixe". Porque o peixe está mergulhado naquela circunstância e precisaria, para enxergar melhor o que está vivendo, afastar-se um pouco dali para ter uma percepção mais seletiva e mais crítica. Afinal de contas, a proximidade dos fatos obscurece bastante a análise.

Quando nós vivemos algumas situações de ebulição ou somos surpreendidos por alguns fatos é muito comum surgirem análises apressadas. Claro que uma análise precisa ser feita, mas convém ter cautela para impedir que se trabalhe com o movimento e a emoção apenas daquele instante.

O escritor francês Charles Péguy (1873-1914), que se alistou e morreu na Primeira Guerra Mundial, dizia: "Quando se trata de História Antiga, não se pode escrever por falta de referências. Quando se trata de História Moderna, não se pode escrever, por sermos transbordados de referências".

Muito interessante. Para escrever sobre História Antiga, nos faltam, muitas vezes, referências de análise. Na História Contemporânea, aquela em que estamos vivendo, é difícil escrever, porque nós temos excesso de referências, e elas perturbam a nossa capacidade analítica. Não é que elas impossibilitam, mas perturbam.

Nessa hora, é necessário ter objetividade em relação àquilo que se vai analisar, para não perder a capacidade de exercer uma visão crítica.

Autoimagem

Gostamos de nos imaginar, no mais das vezes, melhores do que de fato somos. Nós gostamos, também, de inventar algumas ideias. Há vários estudos no campo da Ciência Biológica (não apenas de natureza psicológica) que apontam na nossa capacidade neuronal a possibilidade de inventarmos histórias, inventarmos passados, inventarmos realidades para justificar de forma mais veemente o modo como agimos ou o modo como somos.

Claro que aí se diria que é uma capacidade de autoengano, e não é isso, porque somos capazes de inventar sobre nós mesmos. Isso não é uma mentira deliberada, é algo que está muito mais no campo da crença e, ao criar essa crença sobre si mesmo, coloca-se a condição de ter de acreditar naquilo que se diz.

O escritor francês Marcel Jouhandeau (1888-1979) escreveu uma obra muito curiosa chamada *O impostor*. Ele dizia que "para suportar a sua própria história, cada um lhe acrescenta um pouco de lenda". E a lenda é aquilo que não tem comprovação, que dá um ar meio mágico, que tem um certo componente místico em sua suposta explicação.

Como diz uma outra frase, "cada um é o herói da sua história". Nesse sentido, a autoimagem que fazemos, especialmente quando estamos conversando com outras pessoas, carrega, sim, alguma coisa de lenda.

E essa lenda não é obrigatoriamente inventada.

Tempo histórico

A História pode servir como mestra, como professora daquilo que temos de aprender. A História não serve apenas para fazermos um relato do que já se foi. Olhar o passado de uma nação, de uma parte da nossa Humanidade, nos dá identidade e também nos proporciona uma série de ensinamentos a partir daqueles acontecimentos.

No nosso país, especialmente, olhar essa História nos possibilita aprender várias coisas. Aquilo que precisa ser olhado para evitar que aconteça de novo e, acima de tudo, nos orienta, nos norteia. Porque a palavra "orientar", quando se fala em História, se refere ao outro lado do nosso planeta, o oriental; enquanto "nortear" se refere à parte de cima do planeta. Então, na História, orientar, desorientar, nortear, desnortear são coisas que a Humanidade já vivenciou.

O escritor espanhol Miguel de Cervantes (1547-1616), no século XVII, escreveu, na segunda parte de sua obra magna *Dom Quixote*, que "a História é êmula do tempo, repositória de fatos, testemunha do passado, aviso do presente, advertência do porvir".

O estudo da História, o exame daquilo que já passou, uma possível tendência do que poderá ser, uma série de ensinamentos que precisamos observar para não incorrermos em equívocos e, é claro, construir aquilo que nos proteja no futuro.

Olhar a História significa a possibilidade de ter um aprendizado que nos engrandece.

Hecatombe

Nós usamos demais em português a palavra "hecatombe" no sentido de algo que é um desastre imenso. Todas as vezes que algo nos assusta ou que tem uma grande magnitude, mesmo a expressão "grande magnitude" ser quase uma redundância, porque "magno" já é grande, mas trata-se da grande grandeza, da grande magnitude, como quando dizemos "a coisa tá feia".

A palavra "hecatombe" tem origem no grego arcaico e está ligada à religiosidade. Na Grécia Arcaica (outros povos também o faziam, mas os gregos tinham isso como uma prática) era usual sacrificar animais para poder honrar os deuses, isto é, aplacar a fúria dos deuses e, ao mesmo tempo, atrair a simpatia deles. E animais sacrificados eram, por exemplo, o bode (daí a expressão "bode expiatório", de expiar, purificar), a ovelha ou o cordeiro. Porém, os animais mais sacrificados eram os bois, que na expressão arcaica é escrito *bous*, e *hecatom*, em grego, é "cem", por isso, hecatombe significa, na origem etimológica, cem bois. Quando havia algo que assustava, que deixava as pessoas temerosas da fúria que se acreditava ser divina, era necessário correr o sangue de uma centena de bois.

Por isso, quando essa situação acontecia, era o que se chamava de hecatombe. O sangue de uma centena de bois para lavar a fúria dos deuses.

De vez em quando, a hecatombe chega perto de nós e nos assustamos.

Contemporaneidade

Há uma frase que não podemos deixar de lado, que parece óbvia num primeiro momento, mas, quando aprofundada, ganha amplitude, que é dizer que "todo ser humano viveu na época contemporânea". Por isso, a contemporaneidade é uma característica de quem vivo ou viva está. Nessa hora, aproveitar o dia é entender o que significa essa contemporaneidade, não desperdiçar a nossa existência. Em alguns momentos, gostamos mais de aproveitar o dia, curtir, uma expressão antiga ligada à área de couro, mas que serve para refinar a nossa percepção.

O dramaturgo francês Armand Salacrou (1899-1989), que foi influenciado e influenciou o Existencialismo, dentro da Filosofia, e que partilhou algumas ideias de Jean-Paul Sartre, dizia em sua obra *A Terra é redonda* que "a nossa existência é a soma de dias que se chamam hoje, todos. Só um dia se chama amanhã; aquele que nós não conhecemos". Afinal de contas, nós só vivemos o dia que chamamos de hoje, o dia que nós não conhecemos ainda é chamado amanhã.

O dia que já se foi é só uma percepção extremamente teórica, que é uma ideia de passado.

Todos nós, sempre, somos e fomos contemporâneos.

Alienação

A palavra "alienação" é usada por vezes no campo da propriedade. Por exemplo, em um financiamento de um objeto móvel ou imóvel, muitas vezes ele vem com o registro de alienação, isto é, a pessoa tem o uso, mas não a posse, a propriedade está alienada. A palavra "alienação", inclusive, foi usada até o século XIX como sinônimo de demência, de doença mental ou, até, como se chamaria mais tarde, de loucura. Tanto que o especial Machado de Assis (1839-1908) tem um conto clássico chamado *O alienista*. Hospício, como diríamos em português, é asilo de alienados, portanto, a expressão "alienados" significa aquele que não pertence a si mesmo.

Fala-se, também, em alienação política, em relação àquele ou àquela que não toma consciência do que acontece à sua volta, e, quando toma, age de acordo com a manada, não tem uma percepção clara daquilo que precisa fazer, apenas segue o bando.

O escritor florentino Dante Alighieri (1265-1321), na última parte de sua obra clássica *Comédia*, em que há o Paraíso, bradou: "Sede homem, sim, mas não obtuso gado".

A obtusidade costuma acompanhar a conduta como bando.

Obrigatoriedade da formação religiosa

Há uma controvérsia formativa: Deve-se ensinar religião? Quem o faz? É a família? É a escola que deve fazê-lo?

No Brasil, a Constituição Federal, em vigor desde 1988, prevê que o ensino público tenha no horário regular das aulas uma disciplina chamada Ensino Religioso. Essa disciplina é obrigatória para a escola, mas é optativa para o aluno.

Esse é um ponto controverso, porque há países em que os professores de Ensino Religioso são remunerados pelo Poder Público, como é o caso no Brasil. Há países em que o ensino religioso é confessional, isto é, de uma religião que a família da criança escolhe para ter como ensino dentro da escola. Há outros lugares em que não é permitido que haja o ensino confessional. No Brasil, ele é vedado pela nossa própria legislação. Há ainda outros países em que não existe essa disciplina no dia a dia escolar.

A religião não é obrigatória, mas ela tem uma presença forte dentro de todas as sociedades.

O escritor católico Paul Claudel (1868-1955), diplomata e membro da Academia Francesa de Letras, dizia que "as crianças não devem receber a religião, têm que pegá-la do meio ambiente, como se pega o sarampo". Essa é a postura de um escritor católico muito respeitado na França no século XX.

Ele queria dizer que não se deve ensinar, é o ambiente que deve conduzi-las a essa ideia; ainda assim, o tema ensino religioso é bastante controverso.

Xingamento

Há vários povos, nós entre eles, que têm uma certa predileção pelo xingamento. É só observar no trânsito o quanto que alguns motoristas se especializam em xingar, por qualquer movimento, qualquer situação. Há pessoas, inclusive, que só conseguem dirigir xingando. Assim como existem pessoas que só conseguem gerir outras pessoas na empresa, no trabalho, xingando.

Entre nós, no Brasil, o uso do palavrão entra em várias ocasiões de maneira corriqueira. É claro que o uso intenso do palavrão acaba esvaziando o sentido original que ele carrega e retira até o seu uso apropriado. Pode-se questionar: "Mas existe um uso apropriado para o palavrão?" Há momentos em que o palavrão cabe muito bem, até como ofensa deliberada. Mas nós no Brasil temos algumas coisas que alguns povos estranham, uma delas é o uso do palavrão também como elogio. Muitos estrangeiros acham estranho, porque a primeira coisa que se aprende em outro idioma é palavrão, coisa feia. Há pessoas que não estão habituadas, mas, nós, brasileiros, somos um dos que mais faz isso. Usamos o palavrão como forma de elogio. Quando se gosta demais de uma coisa, um palavrão é solto em alto estilo para quem deu aquele presente.

Quando gostam muito de alguém, as pessoas se abraçam e xingam usando até a mãe, a progenitora daquela pessoa, como uma forma de afeto.

Olha só, o palavrão com sua dupla forma de sentido, como afago, como afeto, como agradecimento e também como ofensa, como má *palabra*, como se diz em espanhol, como maneira de deturpar aquilo que seria o sentido original.

Simiesco

No nosso idioma, a palavra "simiesco" indica imitação de algo. Alguns dos símios, que são primatas como nós – só que nós somos hominídeos, e eles são símios, sejam os grandes macacos, os chimpanzés, os gorilas, muitas vezes o sagui –, têm um comportamento chamado de simiesco, porque ele é capaz de arremedar, de imitar a pessoa naquilo que ela está fazendo.

O escritor peruano Luis Felipe Angell (1926-2004) adotou um pseudônimo que lembra os gregos, Sofocleto, mas é só uma brincadeira dele. Ele fazia críticas sempre. Críticas sociais, críticas de costumes, sempre em forma de humor; e ele disse, um dia: "Não sei se o homem descende do macaco, mas bem que merece".

E o cientista britânico Charles Darwin (1809-1882), dentro do evolucionismo do século XIX como teoria, nunca disse que o homem descendia do macaco. O que ele escreveu é que nós e os macacos tínhamos parentesco, e ascendentes comuns, não como descendência idêntica, como se o ser humano viesse do macaco, mas símios e hominídeos, primatas como somos, viéssemos do mesmo ascendente.

Ainda assim, no século XIX, Darwin não escapou de ser vilipendiado com cartuns e desenhos que o colocavam como macaco. Até hoje, as pessoas, de maneira equivocada, afirmam que o evolucionismo darwinista faz isso, mas, de vez em quando, achamos que alguns humanos, de fato, se aproximam desse comportamento simiesco.

Alguns, até, quando bebem.

Invenção

Nós somos um animal que tem a capacidade de inventar, de trazer o inédito. Inventar ferramentas, meios, isto é, não vivemos apenas e tão somente com o que a natureza nos proveu. Nós não somos mera biologia que nosso corpo já recebe, de pronto, como alguns outros animais. Nós fazemos a extensão do nosso corpo. As ferramentas são a extensão da força da nossa mão, um martelo, um machado. O uso dos óculos, que aumentam a nossa visão. Tudo aquilo que os gregos chamavam de *organon*, que gerou a expressão "órgão". Nós estendemos os nossos órgãos por intermédio daquilo que é artificial, que é fruto da nossa arte, por isso, artifício, artesão. Somos, também, artesãos e artesãs de nós mesmos.

Benjamin Franklin (1706-1790), um especial inventor, um dos líderes da revolução e da independência norte-americana, definiu o homem como "o que faz ferramentas". Ele diz: "O homem é um animal que fabrica ferramentas".

Isso é tão forte que nem sempre se captura o sentido mais denso que essa ideia carrega. Nós somos um animal capaz de criar os instrumentos de criação.

Claro que isso não pode nos colocar em um patamar de arrogância, na suposição de que somos superiores, mas não podemos esquecer que ser capaz de produzir ferramentas é um sinal de autonomia, inteligência, desgarramento e independência com relação à própria natureza.

Não somos o único animal que faz ferramentas. Até há pouco tempo, e quando Benjamin Franklin escreveu isso, o éramos. Hoje há outros que se sabe que o fazem.

Mas nós somos, sim, o principal animal que faz ferramentas.

Caminhada

Para nós, vagabundo é o preguiçoso, aquele que não quer trabalhar, mas, na origem, vagamundo (que depois gerou para nós a palavra "vagabundo") era aquele que saía caminhando, num passeio mais livre.

Um dia, Mario Quintana (1906-1994) poetou em uma obra com título ótimo, *Sapato florido*: "Ah, não há nada como um pé depois do outro".

Uma das coisas que nós, humanos, apreciamos é caminhar. O francês tem uma expressão muito bonita para isso: *promenade*. Sair para um passeio, dar uma caminhada, a ideia de poder andar sem necessidade de se chegar a um destino específico. É claro que o caminhar como passeio é aquele sem necessidade, em que se vai parando, observando coisas.

É muito agradável poder, em um final de semana, em uma noite, onde haja segurança, sair caminhando, parar para ver formiga trabalhar, ver um pássaro cantar numa árvore, observar como uma flor está crescendo.

Algo extremamente romântico e, nem por isso, tolo. Ao contrário, a possibilidade do andar um pouco sem rumo, sem um lugar obrigatório ao qual se deva chegar, refresca o espírito, areja a mente.

Não é só por conta da saúde, da necessidade, mas do prazer, como disse Quintana: "Ah, nada como um pé depois do outro", andando, ao léu, com alegria e refrescamento mental.

Simplicidade

Pessoas, autoridades, lideranças, potentados que têm algum tipo de poder, de riqueza, de mando muitas vezes são admiradas pela simplicidade. Elas vivem de forma simples sem carregar qualquer ostentação inútil. Uma das pessoas que mais tratou do tema da simplicidade, inclusive no campo da arte, foi Pablo Picasso (1881-1973), inesquecível pintor espanhol.

Picasso defendia com veemência a percepção da simplicidade, inclusive, nas estruturas geométricas, nas suas grandes produções nas artes plásticas. É curioso porque, embora tivesse a pintura como seu veículo para a simplicidade, ele tinha um nome nada simples: Pablo Diego José Francisco de Paula Juan Nepomuceno María de los Remédios Cipriano de la Santíssima Trinidad Ruiz y Picasso. Ao adotar Pablo Picasso, ele clarificou a ideia de simplicidade.

Picasso dizia algo muito inteligente: "Gostaria de viver como um pobre com um monte de dinheiro". Viver como um pobre, isto é, com uma vida mais simples, mas que ele não tivesse a miséria, não tivesse carência insolúvel.

Boa a ideia de simplicidade, não ter carências insolúveis, mas tendo a pobreza como sendo o ideal também.

O perito

Para designar a pessoa que é especialista em algum campo de atuação, em português lusitano se usa o termo "experto". Em outros idiomas, e mesmo no Brasil, passou-se a falar mais na "expertise" de alguém que é um perito.

Nós temos admiração por pessoas que têm especialidades. Mas é necessário observar que o especialista não é alguém que nunca se equivocou, ao contrário.

Nós lembramos muito do físico dinamarquês Niels Bohr (1885-1962), Nobel de Física de 1922, que teve ideias muito sérias sobre a fissão do urânio, que foram decisivas para a construção da bomba atômica. Ele mesmo, embora tenha participado como teórico e depois como auxiliar de pesquisa na construção de um armamento atômico, foi contrário à bomba. Bohr tentou, inclusive, alertar as autoridades europeias e norte-americanas durante a Segunda Guerra, para que não se usasse a fissão do urânio como um armamento. Ainda assim, isso foi feito.

Niels Bohr dizia que "o perito é uma pessoa que cometeu todos os erros que podem ser cometidos num campo muito limitado".

Ser especialista, portanto, não significa que a pessoa seja imune ao desvio, ao equívoco. Ao contrário, para ser um especialista também é necessário saber lidar com os próprios equívocos, deslizes, erros, num campo limitado, pois é isso que dará essa marca a um especialista.

Erudição

Erudito é aquilo que não tem aresta, que não tem rudeza. Uma coisa erudita é aquela em que conseguimos dar um polimento e, portanto, tirar qualquer rugosidade, qualquer tipo de saliência. Muita gente não imagina que a palavra "erudição" tenha esse sentido, mas uma pessoa erudita é uma pessoa que, na origem, seria polida, da qual se tirou a rudeza.

É claro que uma pessoa polida é também entendida como educada, escolarizada ou formada por muita literatura. A erudição, no entanto, carrega um risco, que é a pessoa ficar pedante. Há muita gente erudita marcada pela simplicidade, pela capacidade de comunicação e repartimento, mas também há muita gente que, pela erudição, acaba ficando de nariz empinado e constrói uma trajetória orientada pelo pedantismo.

Confúcio (551 a.C.-479 a.C.), inconfundível pensador do Oriente, escreveu: "Quando a natureza excede a cultura, nós temos o rústico; quando a cultura excede a natureza, nós temos o pedante".

O que ele quer dizer com natureza? Quando a brutalidade, isto é, o nosso modo mais animal de ser, excede a cultura, nós teremos aquilo que é só rústico, que chamamos de bruto. Quando a cultura excede a natureza, nós temos o pedante.

Ainda que nos chamemos de animal racional, vez ou outra, esquecemos que somos um ser da natureza e continuamos um ser mortal.

Ordem metódica

Método é coisa boa, ajuda a estruturar e a ordenar as coisas, impede a bagunça e o desvio do objetivo da atividade que está sendo feita.

Algumas pessoas levam essa ideia da ordem metódica a algo que ultrapassa a nossa capacidade de compreensão mais imediata. Por exemplo, pensar, agir, comer, dormir, e alguns defendem que isso seja feito exatamente nessa ordem.

William Blake (1757-1827), um dos maiores poetas e pintores ingleses, autor de quadros sacros extremamente impactantes, no final do século XVIII publicou um livro sobre religião, chamado *Matrimônio do céu e do inferno*. Nessa obra, ele escreveu: "Pensa de manhã, age ao meio-dia, come à tarde e dorme à noite".

Pensa de manhã, use a manhã para o pensamento do trabalho; come à tarde, após ter desempenhado todas as tarefas, e dorme à noite.

Algumas pessoas se dedicam apenas e tão somente a uma delas e não usam ordem alguma. Outros dormem demais ou pensam demais ou comem demais ou têm um ativismo, uma ação contínua.

Bela ordem, pensar, fazer, comer, dormir; não obrigatoriamente nessa sequência, mas era isso que defendia William Blake.

Distração atenta

Como é possível distrair-se de maneira atenta? As duas coisas, em si, constituiriam o que em Língua Portuguesa chamamos de "oxímoro", a junção de termos contraditórios, como no caso de "subir para baixo".

De fato, distração atenta carrega em si uma contradição.

No entanto, o poeta carioca Dante Milano (1899-1991), no livro *Poesia e prosa*, registrou uma sentença que considero especial: "Pensador é quem pensa pensamentos. Inventar pensamentos é uma distração. Embora pareça arte de filósofos, ser sábio é distrair-se com tudo, é estar sempre distraído, ou melhor, atento. Estar atento a tudo é a maior distração".

Isto é, estar atento a tudo nos permite, o tempo todo, prestar atenção, e isso distrai.

Em outras palavras, permite que sejamos capazes de descomprimir o peso e a tensão em nosso cotidiano.

Esse pensamento que, ao ficar atento a todas as coisas, nos distrai imensamente.

À flor da pele

Quando o final de semana vai chegando, somos tomados, vez ou outra, pela seguinte sensação: "Estou cansado, não aguento mais essa cidade, não suporto o trabalho, não aguento o barulho, a poluição, estou com os nervos à flor da pele". Essa reação é epidérmica. Aliás, muita gente tem a pele como órgão de choque.

Não é incomum que pessoas, submetidas a algum tipo de tensão muito forte, tenham algum tipo de reação na pele, alguma urticária, coceira ou desenvolvam até algumas doenças autoimunes, como é o caso da psoríase.

O poeta francês Paul Valéry (1871-1945) tem uma obra com um ótimo título: *Pensamentos maus e outros*; e ele dá uma definição da pele que eu acho muito densa. "A pele humana separa o mundo em dois espaços: o lado das cores e o lado das dores."

O lado das cores seria o lado externo a nós, e o lado das dores é o lado interno, dentro de nós.

É a possibilidade da corporeidade nos permitir fruir o mundo, dado que o corpo que somos e temos é o que nos coloca no mundo com as cores que ali estão. Mas, também, esse mesmo corpo excede de dores.

Poesia e encantamento

Alguns padeceriam da ideia de que a poesia é inutilidade. Mas ela tem uma bela inutilidade, que é não ter a necessidade de ser útil, pragmática.

Ela não precisa nos servir, a não ser para nos encantar, para nos iluminar.

O poeta paranaense Eno Teodoro Wanke (1929-2001) era também engenheiro e atuou por muito tempo na área de petróleo.

Em 1981, ele publicou uma obra chamada *Reflexões marotinhas*, em que escreveu algo que eu gosto de lembrar quando penso em poesia: "É fácil distinguir entre o verdadeiro e o falso poema. O falso poema permanece escrito ou impresso na página, o verdadeiro poema salta palpitante de vida e alma e fica, para sempre, escrito em nós, morando na gente, lembrado na memória, sentido no coração".

Olha que critério bom!

A poesia como encantamento, como aquilo que nos retira da obviedade, aquilo que nos coloca na capacidade do espanto e, ao mesmo tempo, nos agrada.

Taumaturgia

Muitas vezes o substantivo "taumaturgo" aparece como um nome próprio. Taumaturgo é aquele que faz milagres, que é prodigioso. *Taumatus*, no grego arcaico, é um antepositivo para a palavra "milagre".

É muito forte que haja pessoas que aguardam milagres no dia a dia. Isto é, que o milagre aconteça no campo da ação pública, na carreira, na escola. Há um pensamento passível de aceitação no campo das religiões, de que quem tem fé deseje uma intervenção e resolva algo de maneira milagrosa, prodigiosa. Nós, quando crianças, quando tínhamos uma prova a fazer, um trabalho para entregar, sonhávamos com o milagre que podia ter duas naturezas, ou que o trabalho aparecesse pronto ou que fôssemos iluminados durante a prova, mas também outro tipo de milagre que era a professora faltar ou acontecesse alguma situação que cancelasse a aula.

Aquelas coisas que são meio milagrosas e que ficamos desejando, não só da crença, também requerem esforço.

Vários dos nossos antigos diziam: "Quanto mais você treina, mais milagres terá na sua vida".

Há a compreensão do milagre que algumas religiões têm como sendo fruto de uma intervenção sagrada. Ainda assim, no nosso dia a dia, olhar o milagre como algo que vai resolver sem esforço é meio estranho.

Independência

Ser livre, não ter amarras, não ser possuído por algo que nos aprisione é um desejo muito forte. Vinicius de Moraes (1913-1980), com aquela capacidade de cantar e encantar, de fazer poesia, literatura de alto nível, em *Antologia poética*, dizia:
Mais do que a mais garrida a minha pátria tem
Uma quentura, um querer bem, um bem
Um *Libertas quae sera tamen*
Que um dia traduzi num exame escrito:
"Liberta que serás também".
E repito!
Atualmente, sabemos que a frase *Libertas quae sera tamen* significa "Liberdade, mesmo que tardia", mas essa versão, que é quase óbvia, "Liberta que serás também" tem muita força na poesia de Vinicius.

Eu gosto demais também da terminação da poesia, em que ele diz: "E repito!"

Isto é, traz de novo, reafirma, marca com muita alegria que aquele que liberta, aquele que solta as amarras de si também o faz com os outros.

E, nesse sentido, uma sociedade livre é aquela em que todos e todas o são.

Se alguém não o for, ninguém o será.

Transigência

Elasticidade, a capacidade de ter flexibilidade naquilo que se faz, naquilo que se pensa, naquilo que se planeja. Há uma transigência que é muito ruim, quando nós admitimos afrouxar as regras éticas, os comandos que fazem parte do nosso dever, a disciplina necessária a uma convivência mais saudável. Há, no entanto, um nível de elasticidade, um nível de transigência que é necessário. Quando não conseguimos transigir nos nossos projetos, é um sinal de perda de versatilidade naquilo que será feito.

O escritor latino Publílio Siro (85 a.C.-43 a.C.), no século I a.C., escreveu nas suas sentenças: "O plano que não pode ser mudado não presta". Afinal, um plano é uma antecipação organizada, um planejamento, uma maneira de prever as condições, situações, adversidades, obstáculos e facilidades de algo que se deseja fazer.

Mas um plano pode, sim, ser mudado. E, mais do que poder, ele tem que conter essa possibilidade. Seja um plano em relação à família, à vida em geral, à carreira, ao estudo, ele não pode ter, de maneira alguma, uma amarração que constranja.

Um projeto é algo que precisa ter dentro de si a capacidade de mudança, se assim for necessário para não engessar.

Se um plano não pode ser mudado não presta.

Paradoxo

O termo paradoxo é usado para designar aquilo que parece não fazer sentido. O termo *doxa* no grego antigo significa "opinião", e *para* quer dizer "lateral", algo que sai daquilo que vai numa única direção. Daí a ideia de paradoxo é aquilo que fica meio lateralizado, algo que aparentemente não faz sentido.

Mas é preciso pensar na própria ideia de paradoxo, porque também nos faz avançar, nos faz crescer, perturba uma visão acostumada com coisas muito familiares. O paradoxo ajuda a inovar vários de nossos modos de olhar, de fazer e de pensar.

O filósofo espanhol Miguel de Unamuno (1864-1936) lembrava o que é o paradoxo: "Uma palavra que os tolos inventaram para aplicá-la a tudo que ouvem pela primeira vez. Para Adão, tudo seria paradoxo, ou melhor, nada o seria".

Parece, de fato, paradoxal. Por que nada o seria? Porque ele não teria referência. O paradoxo exige a existência de uma outra coisa à qual se possa compará-lo. Adão, no sentido de ser simbolicamente o primeiro ser humano, não teria como fazer de outro modo, afinal, tudo para ele seria, de fato, a primeira vez. Isso continua dentro da matemática, dentro da ciência, dentro da religião, dentro dos afetos, fazendo parte da nossa existência.

O paradoxo nos perturba, às vezes nos ajuda, mas, sem dúvida, consegue nos surpreender.

Polícia e política

As expressões "polícia" e "política" têm a mesma origem etimológica, ambas estão conectadas ao radical *polis*, comunidade, lugar de vida junto. Para o mundo clássico grego, a política era o modo como a vida era organizada numa comunidade, numa *polis*. E, deste ponto de vista, a polícia era uma das estruturas da *polis* para que se pudesse manter os objetivos daquela comunidade; portanto, sustentar uma determinada ordem dentro dela. Nesse sentido, a ideia de polícia, na origem, tem uma positividade que não pode, de maneira alguma, ser descartada.

O imperador francês Napoleão Bonaparte (1769-1821), em vários momentos extremamente ditatorial, que lançou mão da polícia para implantar a sua política, dizia que "a arte da polícia é não ver o que é inútil que ela veja". Isto é, a discrição. A frase é muito boa, e ela funcionaria muito bem em uma democracia.

Uma sociedade que, vivendo a partir de uma ordem, de um consenso, só precisasse da polícia em intervenções pontuais, porque no restante do tempo a comunidade manteria a própria ordem. Isto é, o governo de si e dos outros aconteceria de forma menos marcada pela ruptura ou pela intervenção da força.

Por isso, polícia e políticas estão ligadas, às vezes bem, outras vezes, não.

Reflexão

Fazer voltar sobre si é flexionar.

Reflexão é a ideia de voltar o pensamento sobre o próprio pensamento; pensar sobre aquilo que estava sendo pensado de maneira a evitar a precipitação, a intempestividade, a palavra ou a ideia que não deva ser exposta.

Alain, um dos pseudônimos adotados pelo filósofo francês Émile-Auguste Chartier (1868-1951), ficou conhecido como um grande especialista em aforismos.

Em sua obra *História de meus pensamentos*, de 1936, ele escreveu uma frase muito boa: "A coisa mais difícil do mundo é dizer pensando o que todos dizem sem pensar", ou seja, a capacidade de meditação, de ser capaz de frear um impulso de se colocar algumas ideias de forma imediata.

Uma parcela significativa da boa reflexão é aquela que resulta de um pensamento prévio sobre o próprio pensamento, da capacidade de pensar aquilo que vai ser proferido e, portanto, de evitar um desatamento, uma hemorragia verborrágica, e sustentar, com densidade, o que se pretende dizer.

Sacudir as certezas

Algo que precisa ser feito com relativa frequência é dar uma limpada nas nossas certezas, sacudir um pouco aquilo em que acreditamos como invencível ou, para usar um termo que agora existe no nosso idioma, imexível, aquilo que se entenderia como intocável. As nossas certezas só podem se confirmar, ter mais solidez, quando podem ser sacudidas.

Estou usando a expressão sacudir as certezas porque um dos ditados árabes que eu mais aprecio é aquele que diz: "Homens são como tapetes, às vezes precisam ser sacudidos". Homens somos como tapetes, às vezes precisamos ser sacudidos, tal como pessoas mais antigas faziam – e ainda se faz hoje em dia, embora os materiais tenham mudado – quando os tapetes mais clássicos eram pendurados em um varal e ali se batia o tapete, se sacudia, para tirar dele tudo aquilo que não servia mais, que era mero resíduo.

Evidentemente, por ser uma parte da população de origem árabe especializada na elaboração de tapetes, um ditado como esse fica muito mais apropriado dentro dessa comunidade que, historicamente, produziu belezas na tapeçaria e sabe bem o que significa essa percepção. Homens como tapetes, ao sacudi-los, ser capaz de tirar o que já não serve mais, a sujeira que se acumulou.

No nosso caso, várias de nossas certezas, como os tapetes, têm que ser sacudidas vez ou outra.

Sacudir para pensar melhor.

Ponto de vista

Não é incomum que se diga que um ponto de vista representa a visão de um indivíduo. É verdade, mas o ponto de vista ajuda a construir um cenário, uma paisagem de multiplicidades ou, para usar uma expressão que eu gosto na poesia, uma teia de compreensões.

O poeta gaúcho Mario Quintana (1906-1994) brinca com essa ideia do ponto de vista na obra *Espelho mágico*, em um pequeno poema que diz o seguinte: "A mosca a debater-se: 'Não, Deus não existe! Somente o acaso rege a terrena existência!' A aranha: 'Glória a ti, Divina Providência, que minha humilde teia essa mosca atraísse'". A teia lá está, a mosca e a aranha encontram-se em posições absolutamente diversas de percepção, mas no mesmo lugar.

Isso define o ponto de vista.

Nós costumamos dizer, também, que "o melhor modo de apreciar o chicote é ter-lhe o cabo na mão". Essa é uma frase da literatura até o século XIX, em que ainda havia o hábito de chicotear. A chibata como meio de disciplina, felizmente já retirada.

Por isso, é preciso prestar atenção na diversidade que o ponto de vista carrega, do lugar onde se está e qual é a intenção que ali se tem.

Formação de caráter

Caráter é aquilo que nos marca. No português lusitano, ainda se usaria o antigo "c" para caracter, que acentua esse significado. "Característica" é aquilo que deixa gravada alguma coisa. Por isso, a formação do caráter, aquilo que nos dá identidade, que nos assinala, é algo que não nasce pronto, vai sendo construído no nosso dia a dia, não é algo que venha por mera genética e vai passando indefinidamente.

Thomas Paine (1737-1809), um político britânico, que também colaborou para a independência norte-americana e para a produção do tipo de democracia que se construiu a partir do século XVII, tem uma obra chamada *Senso Comum*. Nela, Paine escreveu: "Ao planejarmos para a posteridade, deveríamos lembrar-nos de que a virtude não é hereditária". Não há hereditariedade na virtude, ela não é herdada, não é algo que se passa adiante, não faz parte da genética.

Seja a virtude, seja o vício, não há uma hereditariedade do ponto de vista de caráter. É claro que nós podemos falar de hereditariedade do vício, no que se refere ao campo da Biologia, aquilo que é congênito para alguns e que nasce como herança para outros. Mas, se estamos falando em Biologia, já não vale pensar aí em vício, vale pensar em característica por nascimento, porque vício, de fato, é uma escolha.

Vez ou outra se fala de vício quando não é. É, sim, resultante de algo que faz parte da natureza daquela pessoa e que ela tem dificuldade para escapar.

O vício, como a virtude, resulta de formação e de escolha.

Provocar o senso comum

Nós temos muitos ditados populares que soam como obviedades. Um dos mais antigos é: "Pau que nasce torto morre torto". Essa máxima serve inclusive para advertir pessoas e para dizer que não há saída para algumas situações; se é daquele jeito é daquele jeito.

Poucas vezes se faz um elogio a essa característica que o pedaço de madeira pode ter.

O poeta paranaense Eno Teodoro Wanke (1929-2001) consegue nos tirar do senso comum. Ele diz: "Vejamos o pau que nasce direito. Vira o esteio de casa. Passa a vida toda sustentando um telhado qualquer sem descansar um minuto. Só deixa de trabalhar quando roído pelo tempo, pelo cupim, pela podridão ou incêndio. Se abate e não serve mais para nada, a não ser para uma chaminha na lareira. Pau que nasce torto, não. Pau que nasce torto é, no mínimo, um lindo enfeite".

Olha como alguém é capaz de pegar algo que pareceria absolutamente óbvio como a frase: "Pau que nasce torto morre torto", sendo uma advertência de uma coisa negativa, e transformar a ideia, mostrando que o pau que nasce direito tem apenas serventia e não embeleza, e um dia se tornará inútil, mas como disse Eno Wanke, pau que nasce torto pode até virar enfeite.

Claro que a beleza desta construção não está, evidentemente, no campo da ética, do costume, mas está na possibilidade de inventar em cima da estética.

Coisa boa.

Desvio de foco

Por vezes, colocamos o olhar fora da referência que seria mais apropriada, mais evidente. Seria o caso de preferir a cópia da flor em vez da própria flor. A primavera é um período do ano, apreciado por muitos, em que parte das flores ganha mais exuberância. Mesmo nas metrópoles, em que o asfalto e o concreto são dominantes, ainda assim, há uma expressão mais forte da natureza. É até curioso que muita gente nem preste atenção a essa natureza.

O filósofo e matemático francês Blaise Pascal (1623-1662) escreveu na sua clássica obra *Pensamentos* uma frase que nos ajuda a refletir: "Que vaidade a da pintura que atrai a admiração pela semelhança com coisas cujos originais não são admirados".

Muita gente, de fato, para na frente de um quadro, que pode ser belo, mas deixa de olhar para aquilo que é o original.

Há pessoas que preferem observar a beleza de uma planta artificial, de plástico, do que admirar uma planta real, viva. Há vários estudos, inclusive no campo da neurociência, que mostram que nosso corpo e cérebro se acalmam com a capacidade de fruir a natureza e sair da artificialidade.

Mesmo assim, ainda há quem prefira a cópia da flor em vez da flor.

E o encanto da pintura talvez venha de atrair essa admiração mais pela cópia do que pela realidade.

Preferência

Preferir significa recusar outras coisas. A preferência é sempre uma escolha arbitrária, não porque não haja critérios, mas porque esses critérios recusam algumas coisas e aceitam outras. Desse ponto de vista, toda a preferência tem uma marca do olhar do indivíduo ou de um pequeno coletivo.

O escritor norte-americano Mark Twain (1835-1910), autor de grandes obras (entre elas *As aventuras de Tom Sawyer, Huckleberry Finn*, que eu li sempre com muita alegria) tinha uma preferência que eu não tenho, por isso a escolha é arbitrária.

Ele dizia que preferia o jornalista ao poeta: "Palavras sobre a guerra de pessoas que estiveram em uma guerra são sempre interessantes. Palavras sobre a lua, de um poeta que nunca esteve na lua, têm toda a probabilidade de serem enfadonhas".

Mark Twain preferia um jornalista a um poeta ao supor que a veracidade procurada pelo jornalista era muito melhor do que o encantamento almejado pelo poeta. Falar sobre a lua sem nunca ter estado na lua, dizia Mark Twain, tem pouco valor. Falar sobre a guerra nela estando, esse sim, seria um conhecimento legítimo. As duas coisas são importantes, mas a escolha, como eu dizia, é arbitrária. Mark Twain pode até preferir o jornalista ao poeta.

Algumas pessoas, eu entre elas, preferimos ambos, cada um ao seu modo, construindo uma maneira de dizer ao mundo, uma maneira de expressar a nossa capacidade humana de olhar com vários olhares, com várias percepções.

Reação inteligente

Lembro sempre de uma história contada pelo escritor Érico Veríssimo (1905-1975) na sua obra *Solo de clarineta*, sobre Pinheiro Machado (1851-1915), um gaúcho muito influente na primeira república no Brasil, especialmente nos governos de Nilo Peçanha e de Hermes da Fonseca. A história relata que, certa vez, o senador Pinheiro Machado respondeu ao chofer, que perguntara se devia levar o automóvel mais devagar ou mais depressa no meio de uma multidão que esperava a sua passagem para vaiá-lo, para protestar contra ele.

Nesse dia, segundo Érico Veríssimo, Pinheiro Machado disse ao motorista: "Não vá nem tão depressa, no meio dessa multidão que possam pensar que eu estou com medo, nem tão devagar que possa parecer provocação".

Eu não sei como o Érico Veríssimo registrou essa percepção, provavelmente teria de ser a partir do motorista, mas, ainda assim, é de uma inteligência especial.

É uma reação extremamente bem-humorada e inteligente a uma circunstância que não era agradável de ser vivida.

Mas a reação inteligente a algum tipo de infortúnio sempre agrada.

Término

Quando o ano vai acabando, o mês vai acabando, vez ou outra, pensamos: "Agora é tarde, já passou; o que eu posso fazer?" É um modo de dizer que as coisas se foram, portanto, se transformaram em passado.

Millôr Fernandes (1923-2012) escreveu um dia no jornal *O Pasquim*: "O passado é o futuro usado".

Ambos são de grande e saudosa memória, tanto Millôr Fernandes quanto o jornal, que foi decisivo naquilo que se chamava de contracultura e, ao mesmo tempo, de oposição ao governo ditatorial no final dos anos de 1960 e boa parte dos anos de 1970, formou gerações, um jornal que juntou uma parcela grande dos jornalistas, da inteligência, dos artistas brasileiros daquele momento.

Eu acho que, quando da existência de *O Pasquim*, nos anos de 1970, não se imaginaria, naquele momento de enfrentamento de uma situação mais ditatorial, de ausência de democracia, que nós pudéssemos ter um futuro que fosse diferente, mas que agora, de fato, é um passado usado.

A expressão "já passou" tem, de um lado, um nível de reconhecimento do que já foi, por outro lado, tem um nível de lamentação também. No entanto, só é possível notar quando é para lamentar depois que passou.

E o futuro tem que ser pensado antes.

Morbidez atraente

Morbidez é algo ligado à doença, àquilo que é patológico, o que desvia daquilo que gostaríamos, mas há uma atração na morbidez. Tem gente que, quando está na estrada e vê um grande congestionamento, logo fica imaginando um acidente imenso. E aí começa uma luta interna, deseja que não seja, mas deseja também que seja, porque quer passar, olhar, prestar atenção e, se passa no local onde o trânsito estava travado e encontra apenas uma obra sendo feita, tem alguma frustração.

A morbidez nos dá uma certa ligação com o que é desordenado.

O escritor irlandês Oscar Wilde (1854-1900) dizia: "Perversidade é um mito inventado por gente boa para explicar o que os outros têm de curiosamente atrativo".

Por isso, precisamos, sim, cautela, para não chamar de perverso algo que nos atrai. E é porque nos atrai que tememos que nos atraia, e aí, como projetivos que podemos ser, acabamos chamando de perversidade algo que, porque não possuímos, consideramos fora da ordem, mas que, em grande medida, pode ser um desejo.

Sem entrar no âmbito da psicanálise, que é um campo que eu não domino, mas trazendo aquilo que é uma projeção de algo que não se quer querer, não se quer querer, mas que se quer.

Nessa hora, há uma morbidez muito forte chamada de perversidade.

Reducionismo mental

Enxergar as coisas por um único ângulo é deixar de observar a diversidade de possibilidades, ficar centrado em si mesmo no momento de fazer ciência, de fazer trabalhos.

O escritor francês Anatole France (1844-1924), ganhador do Nobel de Literatura em 1921, tem um livro muito importante, que é *O jardim de Epicuro*. Nessa obra, que faz menção ao filósofo grego, ele dizia: "Chamamos de perigosos os que têm o espírito feito diferente do nosso e, de imorais, os que não têm a nossa moral. Chamamos de céticos os que não têm as nossas próprias ilusões sem mesmo nos preocuparmos em saber se têm outras".

Forte essa reflexão porque nos ajuda a entender o quanto que a perspectiva de observar aquilo que está na visão de outra pessoa nos ajuda a aclarar a nossa. "Chamamos de céticos os que não têm as nossas próprias ilusões...", e é claro que ele não está fazendo esta referência à toa, porque, se há uma coisa que Anatole France conseguiu na sua literatura, foi ser chamado de grande escritor do ceticismo.

O cético não é aquele que em nada acredita, mas aquele que, do ponto de vista da Filosofia, só acredita naquilo que pode ser provado.

E como acha que nada pode ser completamente provado, prefere não acreditar.

Acaso e providência

Coisas que conosco acontecem às vezes são resultantes de uma simultaneidade ou uma sincronicidade, como diz uma parte da ciência na área da Física.

Coisas que aconteceram ao mesmo tempo, que foram coincidentes, situações que vieram juntamente e que deram a impressão de que houve uma ajuda divina, que acabou cuidando da situação, isto é o que também chamamos de coincidência, quando a alternativa dada a alguma situação, a algum tipo de infortúnio, é marcada por uma solução que não necessariamente se esperava.

Acaso ou providência?

Nicolas de Chamfort (1741-1794), na sua obra *Máximas e pensamentos*, afirmou: "Alguém dizia que a Providência era o nome de batismo do acaso. Algum devoto dirá que o acaso é o apelido da Providência".

Muita gente entende a Providência, com "P" maiúsculo, quando alguns escrevem, como um auxílio de forças que são anteriores e superiores a nós. Alguns entendem, inclusive, Providência como uma divindade que pode auxiliar, apoiar, cuidar e, também, punir.

Desse ponto de vista, quando Chamfort lembra isso, está colocando duas das possibilidades que, de um lado, a ciência indica como um caminho e, por outro lado, a religião sugere como uma possibilidade de fé na qual as pessoas creem em alguma força que é muito maior do que nós, homens e mulheres. E, portanto, essa pessoa não acredita em mera coincidência.

A ciência acredita.

Criança

Todos e todas já fomos crianças, alguns deixamos de sê-lo, outros ainda mantêm algumas características do mundo da infância, e nem sempre se presta atenção na própria palavra. Porque "criança", "crianção", "criação" é algo que, como objeto de uma síncope da expressão, acaba gerando a ideia de algo que está se criando, isto é, aquilo que está juntando forças para um movimento de geração.

Criança é aquilo que ainda está em nível de criação, que está sendo criado. E se há uma coisa que nos emociona é a possibilidade de poder brincar com uma criança que não tem nenhum outro compromisso a não ser com o momento, com o instante que está vivendo, aquela coisa gostosa de não ter obrigações.

Em vários momentos da nossa vida, quando estamos sem obrigação, até nos comportamos como crianças, passamos a brincar em várias situações e brincar é sinal de inteligência.

O poeta paulista Guilherme de Almeida (1890-1969), nascido na cidade de Campinas, fez um verso que eu considero absolutamente certeiro sobre a infância: "Um gosto de amora comida com sol. A vida chamava-se agora".

Essa definição da vida como o agora é o que caracteriza a infância; "um gosto de amora que é comida com sol".

Isso nos traz a possibilidade de entendermos o que significa esse crescer e, ao mesmo tempo, percebermos os sabores que conosco ficaram.

Imbecil

Chamar alguém de imbecil é um dos xingamentos prediletos, inclusive no trânsito, nas grandes cidades do nosso país. Não é incomum alguém, ao volante, gritar "seu imbecil". A ideia de menosprezo à inteligência de outra pessoa vem, exatamente, da utilização desse tipo de qualificativo.

A imbecilidade como um estado de redução mental em que a pessoa se aproxima não da demência, mas da tolice, da burrice. Ou, para usar um termo da literatura do século XIX, da "parvoíce".

Uma pessoa parva é marcada pela redução da capacidade de raciocínio.

Chamar de imbecil acaba servindo, inclusive, para um xingamento interno, seja no mundo do trabalho, seja na convivência. Muitas vezes não se fala a palavra, mas se pensa "que imbecil".

Claro que dá para pensar sobre si mesmo. O escritor Leon Eliachar (1922-1987) inverteu um pouco o óbvio ao lembrar que "imbecil é o sujeito que nunca concorda conosco ou concorda sempre".

A imbecilidade entendida como uma forma de ofensa é, acima de tudo, algo que pode ser aplicado tanto quando me refiro a alguém que não pensa como eu, mas também a alguém que pense só como eu, e se eu suponho que também tenho a capacidade, e o tenho, de ser imbecil, isso me coloca num patamar de igualdade e de junção.

Ilusão das aparências

Nem sempre as coisas são aquilo que parecem. Nem sempre o caminho mais familiar, o mais aplainado, o com menor aresta para o pensamento é o caminho correto. Aquilo que é marcado pela obviedade e vem à tona como sendo a única possibilidade, não encontra essa condição nem na natureza nem na experiência da Humanidade.

Nem sempre aquilo que parece é, de fato, o que é.

Basta lembrar algo marcante no campo da natureza. O jornalista norte-americano H.L. Mencken (1880-1956), que, aliás, atravessou a primeira metade do século XX com uma série de frases satíricas, dizia que "idealista é quem, notando que uma rosa cheira melhor do que um repolho, conclui que ela é também mais nutritiva".

Olha como é perigoso contentar-se apenas com a aparência. Algumas coisas que exalam não só um perfume, mas uma sensação de conforto, não obrigatoriamente representam o melhor que a gente consegue e precisa.

Às vezes, também, há uma aparência de facilidade, em várias circunstâncias, que precisa ser deixada de lado.

Retomando este pensamento do Mencken, a rosa pode até ter um aroma melhor do que o do repolho, mas ela não é mais nutritiva do que ele, por isso, a facilidade não é o único caminho, nem sempre o prático é o certo.

Muitas vezes, o prático e o óbvio são apenas o prático e o óbvio, não obrigatoriamente o correto.

Idiossincrasia

Idios, no grego arcaico, significa próprio. Há muitas palavras ligadas a isso, como "identidade", "idiopatia" e "idiossincrasia", que é aquilo que é mais particular dentro dos particulares. Em outras palavras, idiossincrasia é aquilo que só eu sinto do modo que sinto.

Não é incomum encontrar pessoas que são mais idiossincráticas ainda, ninguém tem dor de cabeça como ela tem, ninguém se mata no trabalho como ela se mata, ninguém tem problema como ela acaba tendo; portanto, esse tipo de particularidade, de propriedade que está marcada dentro de cada um e de cada uma, é um termo que se usa no campo da ciência, da psicologia, da psiquiatria, da psicanálise e da filosofia.

Aquilo que é uma particularidade que alguns transformam em exclusividade, ou seja, "só eu sinto isso, ninguém é como eu sou".

Claro que nós temos uma identidade que nos diferencia, mas também temos pontos de contato e de coincidência com outras pessoas. Ainda assim, a idiossincrasia leva a que não se pense desse modo.

Ramón Gómez de la Sierna (1888-1963), escritor e jornalista espanhol, que durante a ditadura franquista se exilou em Buenos Aires, cidade na qual morreu, tem uma frase muito instigante sobre isso: "A idiossincrasia é uma enfermidade sem especialista".

Afinal de contas, se idiossincrasia é o modo particular das minhas particularidades, não há como alguém poder tratar esse tipo de coisa, porque teria que entender de mim como eu mesmo me entendo.

Originalidade

Há pessoas que são criativas na cópia, criativas na capacidade de imitação, mas isso, de maneira alguma, gera autenticidade.

Ser original não é impossível, mas é extremamente difícil. E os campos da arte, da literatura, da ciência, dos projetos no mundo dos negócios, exigem de nós a capacidade de criatividade e, especialmente, de originalidade.

O nosso modo próprio, a nossa maneira de escrever, de pensar, de agir, nos dá uma grande possibilidade de autenticidade.

Quem abordou muito bem esse tema foi o francês Victor Hugo (1802-1885), um dos mais originais escritores que já tivemos. Na obra *Montão de pedras*, ele aconselha: "Não imiteis nada nem ninguém. Um leão que copia um leão torna-se um macaco". Isto é, ele deixa de ser o que é para ser imitativo e até se diria, simiesco.

Inspirar-se é diferente de copiar. Quando lemos uma obra, quando penetramos num poema, quando vemos um projeto feito, quando, por exemplo, Albert Einstein estuda toda a produção de Isaac Newton, no século XVII, ele não copia, ele se inspira, parte dali e confere o seu próprio modo de ser e produzir.

Isso é autenticidade, é originalidade, o que é diferente de mera copiação.

Frustração

Frustração é aquele sentimento de desalento quando algo desejado não acontece. Ficamos desalentados, sem inspiração, sem ânimo, especialmente quando algo poderia ter sido e não o foi, portanto, fica no campo das possibilidades perdidas.

Robert Mallet (1810-1881), um geólogo irlandês, que estudou o movimento dos terremotos, hoje a gente chamaria de sismólogo, escreveu: "O que mais desespera não é o impossível, porém, o possível não alcançado".

Aquilo que está no nosso horizonte de viabilidade, de possibilidade e, ainda assim, não se realiza.

Aquela clássica frase que muita gente diz, que é "morrer na praia", chegar a determinado ponto, vislumbrar o local onde se conseguiria o êxito e não atingi-lo. Muito mais, lembrou Mallet, do que a impossibilidade, a desesperança vem em grande medida quando o que poderia ser alcançado não o é.

E aí gera uma frustração, especialmente porque o possível não alcançado acaba sendo uma avaliação, uma forma de autoconhecimento, algo que não é só o que não se fez, mas é o que poderia ter sido feito e, ao não ser feito, diminui a autoimagem e a capacidade de quem chegou perto, mas não realizou seu intento.

Inversão desejada

Trocar de lugar de bom grado nem sempre é possível. Principalmente quando outra pessoa está no lugar em que gostaríamos de estar porque lá é muito bom. Há várias situações na vida em que desejaríamos a inversão de situações.

Uma delas foi lembrada, de maneira muito apropriada, por Niceto Alcalá-Zamora (1877-1949), jurista espanhol, que, aliás, foi o último presidente da Espanha antes da Guerra Civil, deflagrada em 1937. Alcalá-Zamora, no seu *Pensamentos e reflexões*, escreveu: "Os ataques de inveja são os únicos em que o agressor preferiria, se pudesse, fazer o papel de vítima".

Afinal de contas, ser vitimado pelo ataque de inveja de alguém, se esse ataque não é violento, se não carrega uma agressividade que coloque a integridade física em perigo, se não ameaça o meu caráter, produz um grande prazer.

E aquele que ataca, sem dúvida, também preferiria estar no papel da vítima desse ataque. A inveja é o exagero da admiração. Há pessoas que nos admiram e há outras que nos invejam. Quase sempre, o invejoso não é aquele que quer ter o que eu tenho, mas ele quer que eu não tenha. Isso poderia acalmá-lo dentro de uma circunstância.

Nessa hora, a inveja é uma manifestação não de admiração, mas de mediocridade.

Aparente paradoxo

Há um tipo de raciocínio que nos intriga, que nos tira do evidente, que nos faz pensar além do óbvio.

Marco Túlio Cícero (106 a.C.-43 a.c.) foi um filósofo e escritor romano, um homem lembrado como um orador especial, alguém que trouxe boa parte da filosofia grega, socrática e pós-socrática, para o mundo latino e, portanto, um dos responsáveis por grandes trabalhos e obras que acabaram vindo para nós, inclusive nos tempos contemporâneos. Ele, que, aliás, foi executado por mando de Marco Antônio, aquele principal general de César que fez parte do Segundo Triunvirato.

Cícero, um homem muito inteligente, dizia: "Não me envergonho de confessar não saber o que ignoro".

Não tenho vergonha de dizer que não sei o que eu não sei. Pode soar uma fala que entraria numa trilha de ignorância, mas trata-se de uma manifestação muito forte de inteligência. Isto é, a capacidade de reconhecer o caminho que ainda não trilhou, a rota não percorrida e não ter vergonha de confessar que não sabe o que não sabe.

Não saber o que ignora e saber isso, isto é, que não sabe, sem que seja um trocadilho, saber que não sabe é uma demonstração especial de inteligência.

Cícero, um homem com uma obra especial na Antiguidade, sabia da importância de saber o que não se sabe.

Respeito encarnado

Há necessidade de formarmos as novas gerações e nos formarmos com elas, na ideia central de que toda pessoa merece respeito, independentemente de condição econômica, de escolaridade, de religião, de orientação sexual, de trabalho que desenvolve, de condição biológica.

Gosto de lembrar uma antiga frase – que muita gente atribui ao escritor colombiano Gabriel García Márquez (1927-2014), especialmente nas redes sociais – porque nos ajuda a entender o que é respeito recíproco.

A frase é: "Um homem só deve olhar outro homem de cima para baixo quando for para ajudá-lo a se levantar".

Esta ideia foi muito bem encarnada, com o primeiro artigo da Declaração dos Direitos do Homem e do Cidadão votada na Assembleia Nacional Constituinte francesa, em outubro de 1789: "Os homens nascem e permanecem livres e iguais em direitos".

Algo que agora é muito conhecido, mas, naquele momento, foi uma inovação brutal.

Um momento na história humana em que se discutia que todo mundo nasce livre, isto é, ninguém pode ser dono de outra pessoa e, ao mesmo tempo, a condição de igualdade em direitos como sendo forte para a existência.

Cautela inteligente

Existe uma cautela que não é inteligente, aquela que nos leva à imobilidade. Mas a cautela inteligente também pode ser entendida como pensamento estratégico em algumas dimensões ou retardar algo do ponto de vista tático; saber resguardar-se quando não é adequado ir adiante, ter uma virtude muito importante em qualquer atividade, que é a prudência.

O escritor espanhol Miguel de Cervantes (1547-1616), na primeira parte de *Dom Quixote*, fez uma reflexão que nos leva a pensar.

Apesar de imaginarmos Dom Quixote como alguém intempestivo, que saía com seu cavalo e sua lança enfrentando os moinhos de vento, ainda assim, há várias falas que Cervantes colocou para Dom Quixote que são densas nessa questão da prudência.

Uma delas é: "Retirar-se não é fugir, nem esperar é cordura, quando é perigo, é maior do que se esperava". Retirar-se, nesse caso, é um sinal de inteligência.

Diz Cervantes: "É sábio guardar-se de hoje para amanhã para não se arriscar todo num dia só".

Desse ponto de vista, muitas vezes o recuo em uma ação, em um pensamento, em uma discussão, não é sinal de fuga ou de cordura (isto é, de ser cordeiro, aquele que se comporta de maneira acovardada), mas, ao contrário, pode ser uma manifestação de inteligência estratégica, aguardando o momento mais propício do que aquele que se apresenta.

Injustiça veloz

A justiça que tarda é, por isso, falha. Existe uma justiça que não tarda e não falha; uma clássica, que dizemos que "tarda, mas não falha"; e uma outra que tarda e falha.

Rui Barbosa (1849-1923) é personagem de várias histórias, algumas delas muito boas, outras nem tanto.

Afinal, quando ministro, para preservar toda a história que não se queria mostrar, ele mandou incinerar os registros da Abolição da Escravatura formal, com todos os documentos e, portanto, em nome de uma purificação, acabou tirando boa parte do registro que garantiria até a reparação, se isso pudesse acontecer.

Rui Barbosa, um dos fundadores da Academia Brasileira de Letras, quando foi paraninfo da formatura de uma turma de Direito da USP (como a gente chamaria hoje, na época, em 1920, Largo de São Francisco de Direito), não pôde comparecer e mandou a famosa *Oração aos moços*, em que dizia: "A justiça atrasada não é justiça, senão injustiça qualificada e manifesta".

Bisbilhotice

A palavra "bisbilhotice" tem origem no italiano *bisbigliare*, que é falar baixinho, meio sussurrado.

Essa expressão é uma onomatopeia, uma maneira de trazer à tona o som produzido em fonemas. Há uma onomatopeia em italiano que é *bisbisbis*, para designar a pessoa que fica no cantinho falando mais baixo. Esse *bisbisbis* virou *bisbigliare*, em italiano, e deu origem a "bisbilhotar", "bisbilhotice" em português.

Claro que vários de nós, vez ou outra, bisbilhotamos, quem não gosta?

Mas vale lembrar uma frase antiga, sem autor definido, que diz: "Há tanto de bom no pior de nós e tanto de ruim no melhor de nós que mal convém, a qualquer um de nós, falar mal do resto de nós".

Isto é, a bisbilhotice como algo que precisa ser pensado e refletido para que não se entenda aquilo que é, no campo do Direito, chamado de injúria ou difamação e que, no cotidiano, é uma fofoca, falar mal de outra pessoa por mero prazer. Esse bisbilhotar é uma forma de malefício não só para quem dele é vítima, mas para quem também o faz.

Em grande medida, é uma perda de tempo, afinal, nem mal de nós nem bem de nós o tempo todo pode ser falado.

Ansiedade fértil

A ansiedade, especialmente nos tempos atuais, é passível de tratamento.

Há uma ansiedade que leva à obsessão, em alguns momentos ao desespero, a ansiedade como sendo aquele estado de prontidão e preparação que leva, inclusive, a alterações no metabolismo; a pessoa fica mais ofegante, o coração bate mais aceleradamente. Mas há uma ansiedade fértil, aquela que nos leva a ficar mais atentos e em estado de prontidão, predispostos à criação de algo.

Lawrence Durrell (1912-1990), poeta britânico nascido na Índia, dizia: "O poema é o que acontece quando uma ansiedade encontra uma técnica".

Porque é claro que produzir poemas não é caso apenas da inspiração, exige técnica de redação, conhecimento do idioma, o manejo sintático para que aquilo tenha arte e graça, mas, acima de tudo, ele lembra bem, o poema nasce de uma ansiedade.

De maneira geral, o poeta, a poeta, a poetisa como diriam alguns de nós, precisa ter uma ansiedade, algo que faça o poema sair. Quando a ansiedade encontra a técnica, o poema pode vir à tona, não apenas pela inspiração de uma ideia, mas também pela predisposição de fazê-lo.

Ansiedade e técnica como fertilidade.

Fingimento sério

Fingimento e seriedade é uma combinação que pareceria contraditória, mas foi imortalizada no poema *Autopsicografia*, de Fernando Pessoa (1888-1935), que usou a definição clássica do poeta: "O poeta é um fingidor. Finge tão completamente que chega a fingir que é dor a dor que deveras sente".

Fernando Pessoa, um homem que produziu coisas maravilhosas no nosso idioma.

Mas Guilhermino Cesar, um escritor e político mineiro que fez carreira no Rio Grande do Sul, e morreu em 1983, brincou um dia com Fernando Pessoa. Ele disse: "Esse poeta é um fingidor, finge tão safadamente que chega a ser furta-cor para ficar coerente. E como a roda da vida não desenrola ninguém, o poeta continua ausente da vida que ele não tem".

É uma grande homenagem a Fernando Pessoa.

Olha como a arte, especialmente a poesia, a literatura, é capaz de fazer o fingimento sério. Fazer aquilo que nos encanta exatamente pela capacidade de sair do familiar e criar alguma surpresa.

Audácia brincar com Fernando Pessoa, mas ficou muito bem brincado, especialmente quando se pensa na vida que não se tem e se finge que pode ser.

Poesia.

Indiferença propositada

Escolher ser indiferente é aquilo que chamamos no dia a dia de atitude estoica. O estoicismo é uma escola filosófica fundada por Zenão no século III a.C. Essa escola filosófica sugere a apatia a tudo que é externo à pessoa como o caminho da serenidade.

Quando começamos uma semana, um trabalho, uma atividade, há uma ansiedade forte com aquilo que se faz, e um jeito estoico, sugerido como método por essa escola filosófica, é a apatia, ficar sereno por meio da indiferença.

O imperador romano Marco Aurélio é conhecido por muitas pessoas por conta do filme *Gladiador* (2000), que trata de maneira fantasiosa uma história que não aconteceu. O general Maximus não existiu, mas quem viu o filme se lembra da figura magnífica interpretada pelo já falecido Richard Harris. Mas a história de Marco Aurélio e de Cômodo, o filho que lhe sucedeu, é verdadeira.

Marco Aurélio – além de ser um imperador de muitas conquistas no mundo romano, mas também bastante cruel – ficou conhecido por ser adepto da concepção estoica na Filosofia.

Ele, que era do século II, escreveu uma série de pensamentos sobre isso com o título de *Meditações*. A indiferença propositada, tentar ficar apático, não se deixar abalar pelo que está em volta.

Algumas pessoas conseguem fazê-lo, outras, nem sempre.

Interpretação livre

A opinião não balizada é aquilo que, de vez em quando, chamamos de "achologia": "Eu acho isso", "eu acho aquilo".

Há muita gente que elege a achologia como modo de entender as coisas, isto é, não procura fundamentar, dar base sólida para o que vai pensar, refletir e opinar.

Edmond de Goncourt (1822-1896), fonte do mais desejado prêmio literário da França, que leva exatamente seu sobrenome (prêmio criado no testamento dele, em 1896) escreveu muitas obras com o irmão Jules de Goncourt (1830-1870) e ambos deixaram um diário, em que anotaram uma frase bem-humorada e verdadeira: "O que mais besteiras ouve no mundo é, talvez, um quadro de museu".

Quantas vezes paramos diante de um quadro e não só dizemos besteiras na interpretação desse quadro, como as ouvimos em grande quantidade? Não é incomum que, contemplando uma pintura, um desenho ou uma escultura em um museu, haja pessoas por perto que, sem nenhum fundamento, começam a interpretar livremente tudo o que o autor quis dizer.

Seja pela emoção estética, seja pelo direito de opinar, começam "isso é isso, isso é aquilo". Algo muito comum em relação, por exemplo, a uma pintura abstrata.

Aí que as besteiras vêm à tona.

Alteridade benéfica

Prestar atenção no próximo, em vez de apenas recolher-se dentro de si, é uma atitude salutar. Ficar trancafiado dentro de si com as mesmas ideias, com o mesmo olhar que se debruça sobre as coisas, com a mesma conduta o tempo todo não faz crescer. Prestar atenção naquele que não sou eu, e não é só prestar atenção afetivamente, com o olho da caridade, da benevolência ou da benemerência.

É um outro tipo de olhar, que ajuda, olhando o outro, a prestar atenção também em si mesmo.

O jornalista e poeta mineiro Wilson Alvarenga Borges lançou, em 1981, um livro chamado *Flor de extremos*. E lá tem um poema, quase uma trova, que diz: "Em ti me escuto para ganhar-me, em ti me vejo para deter-me, em ti me guardo para sentir-me, em ti me encontro para provar-me, em ti me instalo para rever-me, em ti me chamo para escutar-te".

Veja que ele faz uma modificação ao final, porque a outra pessoa é outro de mim.

Quando temos a capacidade de prestar atenção, de abrir a cabeça a quem não é como nós, também nos escutamos, não apenas ao outro.

Nessa hora, a ideia de próximo ganha sentido.

Tédio informacional

Quando a notícia relata uma situação que já aconteceu, para alguns isso significa tédio. Isso é inerente à informação, não tem como não fazê-lo, seja no rádio, no jornal, na televisão.

Ainda assim, essa parte do jornalismo traz à tona uma outra visão em relação ao que é a informação.

O escritor francês André Gide (1869-1951) foi Nobel de Literatura em 1947 e lutou pelos direitos dos homossexuais com uma coragem inédita para a época. Ele mesmo homossexual, teve obras colocadas em lista de proibições. E escreveu: "Chamo de jornalismo a tudo que será menos interessante amanhã do que hoje".

Aliás, é por isso que chama jornalismo, a ideia de *jour*, entendido em francês como "dia", aquilo que nos interessa no diário, aquilo que está ali naquele momento.

Não é um defeito do jornalismo, é uma condição própria da atividade.

O tédio informacional, aquilo que hoje interessa e amanhã deixa de ser notícia, porque já o foi colocado, faz parte desta área.

Prevenção, antecipação

A capacidade de programar-se, isto é, de projetar-se, "jetar" de *jeter*, em francês, ou a ideia de "jogar" em latim, a noção daquilo que se joga antes, são conceitos próximos e relacionados com o que se cria, pensa e organiza a partir de agora.

É claro que existe uma projeção, também, em relação àquilo que poderá vir como algo negativo. E, portanto, cria expectativa.

Dante Alighieri (1265-1321), na parte XVII da sua obra *Inferno*, uma das três que compõem a *Comédia*, chamada com toda razão de *Divina comédia*, escreveu: "O mal previsto vem mais lentamente".

Ou seja, quando nós temos a capacidade de prevenção, de antecipação, de reflexão sobre caminhos que poderão ser ruins, essa vinda será mais lenta. Toda vez em que há falta de prevenção, quando não há previdência, fica muito difícil impedir a vinda imediata daquilo que é um mal, um equívoco, algo que nos vitime. Afinal de contas, se for inesperado, perde exatamente a capacidade de ser evitado ou da criação de salvaguardas.

Isso, que pareceria uma obviedade, é um pensamento bastante profundo. Não é casual que Dante tenha colocado essa condição em um dos seus trechos que trata do inferno.

Não é equivocado.

Aspiração sensata

"Eu quero isso, eu quero aquilo." Não basta o querer, não é um mero gosto, um delírio daquilo que se quer.

É necessário que haja viabilidade, que o desejo seja factível. Do contrário, o que se produz primeiro é a impossibilidade de atingir o que se queria e, em segundo lugar, uma frustração muito grande.

Eu gosto muito de uma expressão do filósofo espanhol Ortega y Gasset (1883-1955), que viveu na Espanha e na Argentina, mas é de uma absoluta influência na Filosofia do Brasil no século XX.

Ele atribuiu uma frase a Leonardo da Vinci. Não é comprovado, não se encontrou essa frase nos escritos de da Vinci, mas, provavelmente, o Ortega y Gasset tinha fontes que poderiam ser confiáveis. A frase seria: "Quem não pode o que quer, queira o que pode".

Isso é a aspiração sensata, aquela forma de desejo que não deixa de existir, mas ganha um contorno que, na sua factibilidade, na possibilidade de existir, vá à concretude em vez de gerar frustração, desalento, desânimo e chateação consigo mesmo.

Similitude humana

Parecência. Há uma expressão que o escritor mineiro Guimarães Rosa (1908-1967) usava bastante: "parecença nossa".

Será que nós, humanos, somos parecidos em quê? A nossa biologia tem grandes identidades, o nosso mapeamento genético marca uma semelhança muito expressiva, mas é na nossa conduta que seríamos muito parecidos uns com os outros, isto é, seria possível dizer "todo ser humano é assim, todas as pessoas são deste modo".

Edmund Burke (1729-1797), filósofo irlandês, escreveu muito bem sobre estética, que é a área da Filosofia que trata sobre o belo, sobre o senso de beleza. Ele, inclusive, teve ideias que influenciaram demais o pensamento de Denis Diderot, de Immanuel Kant no século XVIII.

Edmund Burke, um político avesso à Revolução Francesa, um dos grandes teóricos do que se chama hoje, ainda, de conservadorismo, afirmou: "Queixar-se da época em que se vive, murmurar contra os detentores do poder, lamentar o passado, conceber esperanças extravagantes em relação ao futuro, esses são estados de espírito comuns à maior parte da Humanidade".

Burke dizia que há coisas em que somos bastante parecidos.

Temos muitas diferenças, mas se há algo que nos dá a grande parecência, aí está.

Tagarelice

A palavra "tagarela", usada para descrever alguém que fala sem falar, fala de modo vazio, não tem uma origem muito nítida.

Existe a hipótese de que talvez tenha derivado de uma onomatopeia, uma referência à forma de falar "ta-ta-ta-ta-ta", e daí veio tagarelice.

O escritor francês François de La Rochefoucauld (1613-1680), numa obra chamada *Reflexões*, escreveu: "Como é característico dos grandes espíritos fazerem entender em poucas palavras muitas coisas, os pequenos espíritos, pelo contrário, têm o dom de muito falar e nada dizer".

O que é essa tagarelice? É falar com vacuidade, isto é, falar e não dizer. Uma incapacidade de falar com clareza, de expressar com poucas palavras a nitidez de uma ideia.

Há muita gente que faz um percurso imenso para explicar aquilo que pode ser banal.

Claro que ninguém está isento dessa situação. Mas La Rochefoucauld lembra bem, os grandes espíritos, em poucas palavras, explicam muitas coisas; pequenos espíritos, isto é, gente com maior limitação, tem o dom de falar bastante e nada dizer, muitas vezes na tentativa de preencher o vácuo criado pela falta de conteúdo.

Ciência e propósito

Nós não podemos esquecer o sentido das coisas que fazemos, usando "sentido" na dupla acepção da palavra: como direção e como significado.

Norbert Wiener (1894-1964), o pai da cibernética, um homem que, em meados do século XX, produziu ideias que influenciaram o mundo digital mais tarde, alguém que se graduou em Matemática com 14 anos de idade; com 18, já era doutor em Lógica, escreveu no livro *Cibernética e sociedade*: "Nossos jornais têm exaltado o *know-how* norte-americano desde que tivemos a infelicidade de descobrir a bomba atômica. Existe uma qualidade mais importante do que o *know-how*, trata-se do *know-what*, mercê da qual determinamos não apenas como levar a cabo nossos propósitos, mas o que deverão ser".

Em outras palavras, não basta saber o como fazer, o *know-how*, mas, especialmente, o propósito, o *know-what*, a razão, aquilo que está por trás do que se faz.

Esse pensamento de Norbert Wiener nos alerta imensamente.

E a Ciência continua sendo uma área que não pode esquecer seu propósito, isto é, sua relevância ética, os motivos pelos quais faz aquilo que faz.

Conversa empolada

Algumas pessoas utilizam frases pedantes como recheio de suas falas, com citações em outros idiomas, em latim, por exemplo.

Eu, inclusive, não sou avesso a algumas citações, gosto dessa prática na Filosofia, uso citações de outros idiomas, mas é uma homenagem àqueles que escreveram originalmente nessa área.

Mas muita gente incha a conversa com termos que vêm de outros idiomas. E hoje, no mundo do trabalho, dos negócios, é muito comum que o inglês apareça em expressões como *startup, IPO, meeting,* uma série de termos que já existem no nosso idioma, mas que acabam fluindo na conversa como se fossem gírias.

Não se trata de uma aversão a palavras de outros idiomas, mas um uso desmesurado.

No século XVII, o escritor espanhol Miguel de Cervantes (1547-1616) registrou na obra *Colóquio dos cães*: "Tanto peca o que diz frases latinas diante de quem as ignora como o que as diz ignorando-as".

Tanto peca quem diz frases latinas diante de quem as ignora, apenas para demonstrar algum tipo de conhecimento que não tem, como aquele que as diz sem, de fato, saber o que elas significam, servindo como mera ostentação, como mera cereja em algum bolo, que pode nem ter sabor.

Por isso, conversa empolada é um risco.

Tédio valioso

O vazio faz crescer. Quando éramos crianças e entrávamos em férias, havia uma coisa absolutamente deliciosa, que era a possibilidade de enfrentar o tédio. Aquela chateação, aquele enfado, aquela sensação de não ter nada para fazer...

E aí, sim, por não ter nada para fazer, era preciso criar, inventar, buscar algo interessante e gratificante para fazer.

Brincávamos inventando coisas, pegando uma batata, colocando nela quatro palitos de fósforo e criando uma vaquinha, fazendo de uma caixa de fósforos um instrumento, embrulhando um pente com um papel para simular uma gaita, conseguindo tirar algum som dali.

Não estou querendo trazer uma nostalgia, mas o lugar do tédio é algo muito importante.

Muita gente hoje impede as crianças de viverem o tédio. É o tédio que impulsiona a ação, que impulsiona a criação. Não ter o que fazer, e se chatear com isso, leva a criar coisas para serem feitas.

Hoje, há uma coisa inacreditável: famílias que organizam festas para os seus filhos em lugares fora de casa, porque é muito mais prático, e contratam adultos para serem animadores das crianças de 10 anos de idade. Desde quando são adultos que vão animar as crianças? Muitos de nós nos animávamos na infância quando não havia um adulto perto e nós estávamos todos juntos. Agora se coloca o animador no circuito.

Essa retirada do tédio é perigosa.

Laconismo

Uma pessoa lacônica é aquela que fala pouco, que responde por monossílabos. Não é incomum encontrar gente a quem você pergunta algo e ela sempre responde por "sim", "não", "quero".

Pode ser timidez, mas pode ser também uma escolha deliberada.

A expressão "lacônico" tem origem na região do Peloponeso, que hoje é a Grécia. Há um lugar lá chamado Lacônia e, nessa região, a capital foi Esparta. Alguns dizem, inclusive, que a palavra "lacônico" se difundiu porque aqueles que vieram da Lacônia eram de poucas palavras.

Como o foi Leônidas, que morreu no confronto das Termópilas, enfrentando Xerxes. Diz a lenda que Xerxes mandou um emissário com a seguinte pergunta: "O senhor se renderá ou nós destruiremos tudo? Se o senhor não se render, mataremos as mulheres e as crianças. Se matarmos as mulheres e crianças, logo depois escravizaremos todos os homens". E, segundo a lenda, Leônidas teria respondido a Xerxes com uma única palavra: "Se".

Por conta da formulação de Xerxes cheia de condicionais, isso entrou no campo lendário, mas, ainda assim, explica, em parte, por que as pessoas são chamadas de lacônicas quando pouco falam.

A fonte original

O prazer primordial acontece quando temos a possibilidade de ler aquilo que o autor escreveu, em vez de ficarmos apenas com as interpretações, somente com livros que falam sobre livros.

Há um prazer imenso em ler na fonte original. Claro que nem sempre conseguimos fazê-lo no idioma original do autor. Seria muito bom que se conseguisse ler os escritos de Platão no grego arcaico. Ou Immanuel Kant, no alemão do século XVIII. Seria muito bom ler Baudelaire no francês.

Nem sempre conseguimos, mas, ainda assim, vale demais procurar ler o original; não no idioma que foi escrito, mas ler, em vez do comentador apenas, ler alguém que tem um livro que fala de outro livro.

Ler Machado de Assis, Fernando Pessoa, ler obras de poesia, sem o intermédio de alguém.

Ítalo Calvino (1923-1985), um inesquecível escritor italiano – na realidade nascido em Cuba –, foi um opositor do regime fascista de Benito Mussolini (1883-1945).

No livro póstumo *Por que ler os clássicos*, ele registra: "A escola e a universidade deveriam servir para fazer entender que nenhum livro que fala de outro livro diz mais sobre o livro em questão". Mas fazem de tudo para acreditarmos no contrário, ou seja, que o livro que fala sobre o outro livro é melhor do que aquele livro do qual se fala.

E isso, a universidade e a escola não podem incentivar.

Tecnologia temerária

O mundo da tecnologia nos causa admiração. Em alguns momentos, até sonhamos ganhar como presente algumas das novas tecnologias, especialmente as ligadas à comunicação.

Mas a tecnologia também representa, para nós, um perigo. Há uma advertência séria feita pelo cineasta alemão Werner Herzog em relação a algumas tecnologias que, em nome da aproximação, acabam por levar ao individualismo, a fazer com que não haja partilha da conversa, da música, da convivência.

Herzog, há algum tempo, antes até de termos as plataformas digitais atuais, disse em uma entrevista: "A solidão humana aumentará em proporção direta ao avanço nas formas de comunicação".

Isso, por incrível que pareça, não vem sendo incomum. Avançam as formas de comunicação e, ainda assim, há uma incomunicabilidade entre muitas pessoas, que ficam reclusas dentro do seu mundo, reclusas com seus aparelhos.

Aquilo que devia ser um instrumento, um caminho de comunicação, acaba gerando solidão, afastamento, isolamento e abandono.

Véspera

A palavra "véspera" está ligada a "Vésper", que é um outro nome para a aparição do planeta Vênus, um pouco antes do poente.

Algumas sociedades contavam o dia a partir do início da noite anterior. Por exemplo, em sociedades hebraicas e em muitas sociedades árabes, o tempo é contado num espaço que para nós seria seis horas do dia anterior, daí a ideia de véspera ser tão importante, inclusive em algumas religiões do mundo oriental.

Quando o planeta Vênus está com brilho intenso, ele vem um pouquinho antes do poente, é chamado de Vésper, e quando vem um pouco antes do nascente, é chamado de Estrela d'Alva.

Sabemos que Vênus não é uma estrela, mas, ainda assim, a forma do planeta ganhou esse nome. Entre nós, virou até música de carnaval e tem a ver com véspera.

Tudo isso faz lembrar algo especial, o planeta Vênus é ligado a uma divindade pagã, a deusa romana do amor e da beleza. Ela entrou na história para, inclusive, simbolizar algumas expressões de algumas religiões, para as quais a percepção de véspera tem a sua importância.

A Estrela d'Alva, que, na prática, é o planeta Vênus, é Vésper, o vespertino, aquilo que antecede e que nos dá até alguma ansiedade.

Assepsia vocabular

A limpeza de vocábulos se dá pelo esforço em polir conceitos, fazer com que as palavras sejam mais purificadas e tenham um sentido mais claro em relação à própria origem.

Ludwig Wittgenstein (1889-1951), filósofo austríaco que se naturalizou britânico, foi professor em Cambridge em meados do século XX e inspirador do positivismo lógico na área da Filosofia e da Ciência em geral. Ele disse que: "Algumas vezes, uma expressão tem de ser retirada da linguagem e submetida a um processo de limpeza, só então ela pode ser recolocada em circulação".

Essa assepsia vocabular, a gente deveria fazer com o vocábulo "presente". "É só um presentinho" traz a ideia de uma lembrança. Em muitos momentos de confraternização, a expressão "aqui está o presente, uma lembrancinha" é uma forma de dizer: se lembre de mim e lembre de mim para que se lembre que eu lembrei de você e, portanto, eu não te esqueço.

A palavra "lembrança" ou "lembrancinha" era apenas algo que se dava a outra pessoa para dizer presente, "cá estou". Como a gente na escola respondia à chamada, "presente".

E a palavra "presente", de confraternização, de festa, assim como "lembrança" ou "lembrancinha", deveriam ser mais polidas, até tiradas de circulação, como Wittgenstein lembrava, para ficarem mais bonitas, mais puras, e, portanto, mais cheias de verdade.

Apenas uma lembrança.

Existência labiríntica

As voltas e revoltas da vida às vezes parecem um labirinto, um emaranhado de entradas e saídas.

Na mitologia, Teseu, que enfrentou o Minotauro, e também venceu o labirinto, do qual ninguém conseguia escapar. Muitos parques e jardins têm verdadeiros labirintos, feitos propositadamente dessa forma. São parte dos nossos jogos, das nossas brincadeiras lógicas, mas, também, ajudam a pensar sobre nós mesmos.

Mario de Sá Carneiro (1890-1916), especial nome do Modernismo português, que, infelizmente, cometeu suicídio aos 25 anos, em Paris, fez um trecho poético em que lembra essa ideia: "Perdi-me dentro de mim porque eu era labirinto. E, hoje, quando me sinto, é com saudades de mim".

Frase forte. Não é incomum que tenhamos a sensação, em alguns momentos, de termos dentro de nós um labirinto, uma série de entradas e saídas dos lugares que nos levam a impasses, momentos de reflexões em que precisamos meditar para ter clareza de onde viemos para olharmos com mais nitidez aonde desejamos ir.

Uma vida labiríntica, uma existência labiríntica, é aquela em que as pessoas se perdem.

Não é impossível, mas não é bom que assim seja. Um labirinto precisa ter saída.

Humor inteligente

Surpreender pelo silêncio pode propiciar momentos de extrema graça.

Algumas das citações que eu mais apreciei foram feitas nas conferências do sociólogo e jornalista Joelmir Beting (1936-2012).

O grande Joelmir tinha um modo surpreendente de terminar as palestras. Ele dizia, até com um ar mais formal: "Gostaria de concluir agora, dizendo que na vida eu aprendi duas coisas. A primeira delas é nunca contar tudo que eu sei. Obrigado". E ia embora.

Essa ideia demorava um pouco para que a gente percebesse o que Joelmir Beting houvera colocado; ficava um certo silêncio e, aos poucos, se ia tendo o afluir do riso. Isso produzia impacto na plateia e esse humor inteligente é extremamente agradável.

O espírito com inteligência, o humor colocado de uma maneira que encanta, surpreende pelos silêncios que Joelmir Beting deixava nessas falas.

Não é fácil construir isso, exige muita reflexão para se ter um humor inteligente.

A vida como enigma

A reflexão é favorecida pela passagem do tempo. Nós costumamos dizer: "O tempo está passando mais rápido, olha como este ano já está no fim e as coisas estão acabando". Mesmo quando estão começando, a impressão é de que já estão no término.

Essa lógica de uma aceleração do nosso dia a dia nos leva a uma reflexão, a pensar o próprio enigma da vida: "O que eu estou fazendo? Qual a razão daquilo que eu produzo? Por que eu corro desse modo? Ou por que fui ou sou mais lento? Afinal, quem sou eu?"

Pode parecer algo que é só ligado ao campo da Filosofia, o é também, mas traz uma inquietação.

Momentos de passagem, situações de transição, épocas de mudanças sempre são mais adequadas para que se possa refletir melhor sobre a própria existência.

O poeta Murilo Mendes (1901-1975), pensador nascido em Juiz de Fora, disse um dia: "Não pedi para nascer, não escolhi meus pais, fui imposto a mim próprio, o enigma permanece".

Olha que maneira forte para terminar. Murilo Mendes levanta uma questão semelhante a "quem sou eu ou o que sou eu?" Pode ser um "quê" de coisa, um "quem" de pessoa, mas fica ainda um enigma na vida.

Perenidade estética

O prazer de natureza estética está ligado àquilo que nos encanta, que nos leva à fruição da beleza, que nos leva a um gosto imenso pela apreciação do conteúdo ou da imagem. Mas também que se torna perene, isto é, que não se esgota no que é passageiro, naquilo que é momentâneo.

Muitos de nós recebemos livros de presente. E uma tarefa complexa é escolher um livro para dar de presente para alguém, porque é preciso pensar se esse livro será levado adiante como uma boa lembrança ou se será colocado de lado ou apenas folheado.

Mas a perenidade estética, que é o presente que persiste no tempo, não tem o esgotamento dessa vitalidade.

O escritor e ensaísta britânico John Ruskin (1819-1900), que foi uma destacada influência no estudo da história da arte, da arquitetura, escreveu em *Sesame and lilies*, uma obra de 1865, uma frase decisiva: "Todos os livros podem ser divididos em duas classes: os do momento e os de todos os tempos".

Por isso, a perenidade estética, a capacidade de persistir no tempo sem perder robustez, está ligada àqueles livros que são de todos os tempos e não apenas livros do momento, que são eventualmente superficiais ou ruins, esquecíveis.

Prazer passageiro

A propriedade volátil é a posse de alguma coisa que nos dá um grande prazer possuir, mas que passa logo.

O britânico James Montgomery (1771-1854) tem um poema, cujo título não expressa tanto a sua grandeza, que é *A nuvenzinha*. É de 1925, quando escreveu: "O encantamento da posse não dura, as alegrias relembradas não passam nunca".

A propriedade material de algo, o gosto de ser dono de algo, é um encantamento que não tem durabilidade. O que tem perenidade são as alegrias que podem ser relembradas, que permanecem na nossa memória – ou, para brincar com a impactante obra de Salvador Dali, a persistência da memória.

Aquela memória gostosa que não é volátil, não é evanescente, não é como uma mera fumaça, que perde sua forma e desaparece. O encantamento da posse não dura tanto, é um prazer imediato, muitas vezes imediatista, traz uma alegria, que é instantânea, pode até trazer aquilo que chamamos de euforia, que é uma alegria súbita e muito intensa, mas não tem durabilidade.

Já as boas lembranças, as alegrias relembradas, não passam nunca. Muita gente, ao festejar, acaba ficando muito mais tempo com a festa dentro de si do que de fato aquilo que recebeu na própria festa.

A boa lembrança, essa sim, encanta por muito tempo.

Leveza essencial

Nós queremos uma vida que seja mais leve, a sutileza no ato, no gesto, na ideia, no projeto, no trabalho. A leveza presente na existência e que, portanto, nos seja essencial.

É curioso porque algumas pessoas dizem "eu gostaria de ter a leveza de um pássaro". Outros dizem "eu queria ter uma leveza de uma pena, uma pluma".

Eu gosto demais de um pensamento do filósofo e poeta francês, Paul Valéry (1871-1945), capaz de produzir ideias especiais no final do século XIX e numa parte do século XX. Ele dizia: "É preciso ser leve como o pássaro e não como a pluma".

Qual a razão deste pensamento de Paul Valéry? Se se é leve como um pássaro, a leveza vem de algo em movimento e não de algo inanimado, algo que perdeu a capacidade de intenção, como é o caso da pena ou da pluma.

Ser leve como uma pena ou uma pluma é algo que não é intencional, não existe ali uma razão de ser. Já ser leve como um pássaro é a leveza no movimento, na escolha da possibilidade de caminho, na dinâmica, e não da leveza de uma estática que se aproxima da inércia.

Por isso, a leveza essencial, no meu entender, concordando com o Paul Valéry, é aquela que nos torna leves como um pássaro, e não leves como penas de pássaros, que são passivas.

A leveza do pássaro é uma leveza ativa.

Política como escolha

A capacidade de tomar decisão diz respeito àquilo que se quer e àquilo que não se quer. Uma escolha, embora não pareça, às vezes é uma não escolha. Isto é, não escolher, recusar-se a participar, a ter alguma ação na comunidade.

É sempre necessário lembrar que a palavra "política" significa ação dentro de uma comunidade, seja essa comunidade uma família, um bairro, um prédio, uma cidade, um país, um planeta.

Por isso, o termo *polis* como comunidade nos traz a ideia de liberdade de escolha, a possibilidade de ter algo que já se chamou em Filosofia de servidão voluntária.

Pareceria até uma contradição, mas ela faz sentido. Maquiavel (1469-1527), intelectual do século XVI, é muito conhecido por sua obra *O príncipe*, mas ele tem outros livros que são clássicos. Um deles é o *Discursos sobre a primeira década de Tito Lívio*, em que diz algo para pensarmos: "Porque é tão difícil querer libertar um povo disposto a viver escravo como reduzir à servidão um povo que queira viver livre".

Não é uma reflexão só do Maquiavel. Ele diz que é tão difícil fazer um povo deixar de ser escravo quanto escravizar outro que luta para ser livre.

Política como escolha.

Imprecisão semântica

Por vezes, o sentido de uma palavra, de um conceito, de uma ideia, fica impreciso, seja por parte de quem emitiu a mensagem, seja por parte de quem a recebeu.

Uma questão antiga na Filosofia é "o que é precisão". O que torna algo absolutamente correto?

Mario Quintana (1906-1994), em seu livro *Caderno H* (obra resultante de textos produzidos para jornais do Rio Grande do Sul), escreveu: "A gente pensa uma coisa, acaba escrevendo outra e o leitor entende uma terceira coisa e, enquanto se passa tudo isso, a coisa propriamente dita começa a desconfiar de que não foi propriamente dita". É sempre humorada e inteligente a escrita de Mario Quintana.

Essa imprecisão semântica oferece alguma vacuidade ou discordância em relação àquilo que se escreve.

Mas pode também conferir uma certa leveza, porque abre a possibilidade de um texto ou um poema ser interpretado de outro modo.

Essa condição faz com que a coisa possa ir além de si mesma. E isso encanta na poesia e na literatura.

Pluralidade idiomática

Há pessoas que têm grande capacidade de falar, entender e expressar-se em vários idiomas. Em alguns períodos da nossa História, a pluralidade de idiomas emerge, especialmente quando se tem grandes eventos internacionais.

Nesses momentos, aumenta a necessidade de entender e receber bem o estrangeiro, aprender um pouco de outros idiomas para que a comunicação possa fluir melhor.

De certa maneira, nós temos no Brasil, vez ou outra, uma sensação meio envergonhada de que não falamos bem outros idiomas. Isso nos assoma como um defeito nosso. Mas nem todos os autores pensam assim.

O escritor e teólogo alemão Johann von Herder (1744-1803) produziu uma frase que pode acalmar algumas pessoas: "O estado de espírito encontra sua melhor expressão na língua materna. Eu não me envergonho de confessar que, durante toda a minha vida, não fui capaz de dominar perfeitamente mais do que um idioma".

Evidentemente, nós alimentamos o desejo de ter maior capacidade idiomática, mas conhecer bem o próprio idioma é uma grande vantagem.

Escrita tocante

Existe um tipo de texto que nos pega, nos captura, nos alcança. Alguns livros, textos, ideias que ouvimos ou lemos, acabam se enganchando em nós.

A sensação nessas ocasiões é de que o escritor está "escrevendo para mim"; que eu, leitor, sou o destinatário daquelas palavras ou que aquilo está dentro de mim. E para o escritor ou escritora é algo extremamente gratificante.

Esse é um dos momentos mais fortes na atividade da escrita, quando alguém que nos lê e diz: "Olha, aquilo que você fez no livro tal foi diretamente para mim. Foi exatamente isso que eu pensava, era isso que eu tinha que ouvir, parece até que você estava lendo a minha cabeça". É absolutamente prazeroso pensar deste modo.

O filósofo norte-americano Ralph Waldo Emerson (1803-1882), na sua obra *Sociedade e solidão*, registrou: "É o bom leitor que faz o bom livro".

Em cada livro ele encontra trechos que parecem confidências ou apartes ocultos para qualquer outro e destinado ao seu ouvido. O proveito dos livros depende da sensibilidade do leitor.

A grande capacidade de escrita de um autor é quando ele consegue fazer com que quem o leia se sinta tocado pessoalmente, tenha um enganchamento com a sensibilidade, com a reflexão.

É, de fato, contar a aldeia para falar do mundo, falar do geral e falar a cada um.

Retorno avaliativo

Voltar a um lugar, voltar a conversar com uma pessoa, voltar a uma atividade de maneira voluntária são situações que permitem uma nova avaliação.

Muitas vezes, ela é positiva. Essa ideia de um retorno avaliativo é muito marcante no campo da literatura.

Lêdo Ivo (1924-2012), nosso especial poeta, tem uma obra decisiva, e eu gosto sempre de mencioná-la, que é *Confissões de um poeta*. Nela, ele registrou uma máxima forte: "O meu leitor não é o que me lê, é o que me relê (caso exista). Um autor lido uma única vez não tem leitores, por mais retumbante que seja o seu sucesso".

Essa frase do Lêdo Ivo contém uma expressão de humildade que, no caso dele, não era fingida. Ele colocou entre parênteses "caso exista".

Está sugerindo que ninguém o faria, o que não é verdade, porque Lêdo Ivo não só merece ser lido, relido, trilido, se a palavra pode ser criada, mas, de fato, ele indica aí um caminho muito forte para avaliar a qualidade de uma produção literária.

Princípio cidadão

Princípio de cidadania é aquilo que cada um e cada uma de nós deve ter como ação dentro de uma comunidade, dentro da sociedade.

Quem nos ajuda a pensar nessa questão é Voltaire (1694-1778), iluminista francês que inspirou imensamente a Revolução Francesa de 1789, mas ele mesmo não chegou a vivenciá-la, porque morreu antes deste fato.

Voltaire, um homem instigante, que tem muitas coisas que chegam até a insolência em vários momentos; autor de um dicionário filosófico extremamente provocativo, no *Discurso inverso sobre o homem* pôs uma ideia que é um princípio de cidadania. "Se o homem nasceu livre, deve governar-se; se ele tem tiranos, deve destroná-los."

Século XVIII, monarquia na França e em vários outros lugares do mundo, o absolutismo ainda com fôlego em toda a Europa, e lá vem Voltaire com uma frase que vai muito além do seu tempo.

A ideia de governar a si mesmo, da liberdade, que não é de maneira alguma uma ausência de regras, mas a capacidade de participar da construção coletiva das regras e, se houver tirania, a capacidade, e até o dever, diria Voltaire, de destronar o tirano.

Fazer com que a vida livre, de cada um e cada uma, em mundo coletivo, tenha presença.

Inconstância eventual

Algumas pessoas nos encontram e dizem: "Mas você não é mais o mesmo".

Nem sempre isso deve ser entendido como uma ofensa. Vez ou outra pode ser olhado como elogio, afinal de contas, a constância, o mesmo modo de ser, de pensar, de agir, não necessariamente é um indicador de coerência.

Pode ser um indicador de inflexibilidade, de bitolamento, de incapacidade de pensar de outro modo.

Desse ponto de vista, há uma inconstância eventual que nos ajuda a criar, a reinventar, a refazer.

Essa capacidade foi um dia reconhecida por Aldous Huxley (1894-1963), um britânico que produziu a magnífica obra, uma espécie de distopia e utopia negativa, que foi *Admirável mundo novo*, e que disse: "A constância é contrária à natureza, contrária à vida. As únicas pessoas completamente constantes são os mortos".

Frase forte, mas com um polo de reflexão. Não se trata de simplesmente alterar o modo como se pensa ou se faz algo só porque o vento bate em outra direção, mas de não ser constante numa única direção, porque pode ser um sinal de inflexibilidade mental, e isso não é bom.

Bibliofilia prazerosa

Muitos se dedicam à especial tarefa de serem bibliófilos, aqueles que guardam livros, que os colecionam e o fazem por um prazer imenso.

No nosso país especialmente, José Mindlin (1914-2010) foi um homem que cultivou uma impressionante biblioteca, com milhares e milhares de exemplares – inclusive com obras raras. Significativa parcela dessa coleção se encontra na Universidade de São Paulo, na Biblioteca Brasiliana Guita e José Mindlin, criada em 2005.

O escritor francês Marcel Proust (1871-1922) disse que "a leitura é uma amizade".

A própria ideia de amizade pode ser expressa usando uma parcela do grego antigo do idioma, como *filia*. Como falamos de filiação, de conexão, esta ideia que cria entre nós algum tipo de liame.

E, se a leitura é uma amizade, ela leva à apreciação, à capacidade de querer cuidar, de querer guardar, de apreciar e, acima de tudo, de ter encontro.

Nosso amigo, nossa amiga são aquelas pessoas com as quais nós gostamos de nos encontrar.

Nessa hora, Proust indica com muita precisão a bibliofilia, a amizade pelo livro. A leitura é uma amizade, ela é uma forma de se querer o encontro, de se desejar a presença, de se buscar com alegria.

Esquecimento útil

Uma das grandes capacidades humanas é a de memorizar. Ela não é a principal habilidade da inteligência, afinal de contas, até algumas máquinas são capazes de ter simulação de memória, mas, ainda assim, a memória nos auxilia imensamente a existir.

Cada um de nós tem na memória modos de não cometer mais equívocos, de encontrar aquilo de que se precisa, mas há, sim, uma importância no esquecimento.

Se a nossa memória nos fosse contínua, isto é, se nós tivéssemos de suportar tudo o que vivemos, todas as situações que percorremos, todas as experiências, inclusive as que nos são dolorosas, tristes, isso nos seria insuportável.

O jornalista francês Maurice Martin du Gard (1896-1970), tem um livro chamado *Pequena sequência de máximas e caracteres*, em que escreveu: "A vida seria impossível se a gente a relembrasse. Tudo está em escolher o que se deve esquecer".

Fazer também um exercício que alguns, no campo do relacionamento, chamam de perdão, no campo da ciência é o abandono daquilo que já não serve; no campo da vida, aquilo que, embora possa, não precisa mais ser relembrado.

Escolher o que se deve esquecer. É o esquecimento útil.

Psicologização excessiva

Existe o chamado "filosofismo", inclusive algumas pessoas dizem "ah, isso é Filosofia". Há pessoas que filosofam em excesso, transformam tudo numa filosofização, um termo que, se não existe, a gente vai inventando.

Do mesmo modo, há a psicologização. O que é isso? É transformar todo tipo de atitude, todo tipo de interpretação, de avaliação, como algo oriundo do campo da Psicologia.

De maneira inteligente e humorada, Luis Fernando Veríssimo, na obra O sexo na cabeça, fez uma análise sobre o lobo mau, de uma perspectiva da Psicologia exagerada, que poderia até ser a Filosofia exagerada, que seria também extremamente pertinente.

Ele diz: "Nem são tão maus como dizem. As pessoas não param para pensar que, muitas vezes, o lobo mau pode ser um lobo problematizado, um lobo com traumas de infância, um produto do meio; nenhum lobo nasce mau, o mundo os fez assim".

Esse modo de brincar do Veríssimo em relação ao lobo mau serve para pensarmos uma das coisas mais comuns no nosso cotidiano que é achar justificativa para tudo. E até dizer "se o lobo não é mau, nem o lobo nasce mau, foi o meio que o fez desse modo", e quase que se diria, trazendo à tona uma antiga frase, que "depois da Filosofia, da Psicologia, da Sociologia, parece que não existe mais crime". Isto é, a maldade teria a sua justificativa.

Quero lembrar que tudo isso, até a maldade do lobo vindo do meio, como brincou Veríssimo, não é uma justificativa, quando muito, ela é uma explicação. Ela explica, mas não torna justo.

Malabarismo vocabular

Se há um brasileiro que conseguiu brincar com as palavras com muita maestria foi o poeta paranaense Eno Teodoro Wanke (1929-2001).

No livro *Reflexões marotinhas*, ele registrou algo para quem inicia uma jornada, uma atividade ou período de tempo, de uma forma malabarista: "Um relógio que atrasa, evidentemente não adianta, mas pior ainda é um relógio que adianta, porque também ele não adianta, porque um relógio que adianta é um atraso e o que atrasa também. O que adianta mesmo é um relógio que não atrasa nem adianta".

Olha que coisa genial a possibilidade de brincar com os vocábulos, de lidar com o nosso idioma de maneira inteligente, de estimular a reflexão, de usar os diferentes sentidos das palavras e ainda falar sobre algo que é nossa obsessão pelo tempo.

É muito interessante ser capaz de fazer com que a palavra "adiantar" tenha tanto o sentido de servir quanto de antecipar. E esse duplo modo também aplicado ao termo "atrasar".

Isso é um bom malabarismo.

Autonomia da razão

Marquês de Maricá foi um título recebido pelo carioca Mariano José Pereira da Fonseca (1773-1848), doutor em Filosofia, que foi ministro da Fazenda no início do Império no Brasil, no século XIX.

Em suas máximas, anotou: "A razão é escrava quando a fé e a autoridade são senhoras".

O que quer ele dizer com isso? Que a razão precisa ter primazia sobre a fé e a autoridade, no sentido do uso cotidiano.

Para o nosso dia a dia, quando a razão se submete à fé, é sinal de que ela perde parte da fundamentação de uma convivência mais consensual e objeto de um acerto mais coletivo.

Do outro lado, a razão não deve se subordinar ao argumento de autoridade. O que é um argumento de autoridade? É quando se obedece porque foi o chefe que disse ou aceita-se porque foi o professor que falou ou quando alguém acata algo apenas porque alguém disse: "Estou falando, se eu estou falando, acabou, é assim".

Esse argumento de autoridade, que é também trazido pela ciência, quando alguém diz: "Não, eu sou o professor e eu sei", "eu sou o médico, eu sei", "eu sou o economista, você não é da área". Esse argumento de autoridade, tal como o que é usado como fundamento a partir da fé, pode escravizar a racionalidade.

Nessa hora, o que vale para o pensamento racional são os fundamentos lógicos que tragam a possibilidade de um consenso.

Tanto a autoridade quanto a fé são parciais em relação à convivência das pessoas.

Ingenuidade analítica

A ideia de que algo pode ser resolvido a partir de um olhar numa única direção conduz à ingenuidade.

O escritor inglês John Ruskin (1819-1900) ajudou a propagar uma crença frágil, muito repetida, inclusive no nosso país, de que "mais escolas significam menos prisões". Esse chavão vem de uma frase de Ruskin, que dizia: "Reformemos nossas escolas e não teremos que reformar grande coisa em nossas prisões".

Qual a ingenuidade por trás dessa ideia? Toda vez que se diz "mais escolas, menos prisões", há uma suposição de que a ilegalidade, a criminalidade, se deva à ausência de escolarização, o que não se dá obrigatoriamente desse modo.

Uma das causas da criminalidade, sem dúvida, é a insuficiência de formação, seja no campo da capacitação técnica, seja em relação a alguns valores. Mas não ter escolaridade não direciona uma pessoa para a criminalidade. Assim como ter uma escolaridade, inclusive elevada, não torna alguém imune à possibilidade do ilícito.

Em grande medida, claro que mais escolas significam uma sociedade mais sólida, mais desenvolvida, com maior capacidade de proteção, com uma rede social de cuidados a seus homens e mulheres. Não há, entretanto, uma relação direta entre construir mais escolas e diminuir automaticamente o número de prisões.

Insisto: a Educação escolar ajuda muito, mas ela não tem o poder mágico de solução. É preciso tirar essa ingenuidade e colocar os focos também em outros lugares.

Errata

"Errata" é uma palavra de origem italiana. No latim, *errata* é plural de *erratum*. Mesmo plural, errata se incorporou no nosso idioma e em outros.

E o que é uma errata? É corrigir ou corrigir-se. Em tempos anteriores, se colocava, após a impressão de um livro, uma folha com indicação de onde havia sido cometido algum equívoco.

Machado de Assis (1839-1908), em *Memórias póstumas de Brás Cubas*, no capítulo XXVII, lembrou algo muito importante: "Deixa lá dizer Pascal [o filósofo Blaise Pascal] que o homem é um caniço pensante. Não; o homem é uma errata pensante, isso sim. Cada estação da vida é uma edição, que corrige a anterior, e que será corrigida também, até a edição definitiva, que o editor dá de graça aos vermes".

Viver por erratas. Nós vivemos, de fato, nos corrigindo e criando novas edições de nós mesmos. E isso é um pensamento que Machado de Assis capturou com a sua agudeza extremamente manifesta.

Viver por erratas é, assim, fazer nova edição, corrigir-se.

Vaticínio arriscado

Um de nossos maiores escritores, Fernando Sabino (1923-2004), nascido em Belo Horizonte, foi locutor de rádio quando era adolescente. Num livro de crônicas de que eu gosto muito, de 1973, chamado *Deixa o Alfredo falar!*, fez uma equivocada profecia.

O genial Fernando Sabino, como qualquer um de nós, é capaz de equivocar-se. Ele dizia naquela ocasião: "Rádio é mesmo uma coisa misteriosa, começou fazendo sucesso na sala de visitas e acabou na cozinha. Cedeu lugar à televisão e essa já vai pelo mesmo caminho. Ninguém que se preze, além das cozinheiras e dos motoristas de caminhão, tem coragem de se dizer ouvinte de rádio – a não ser de pilha, colado ao ouvido, quando apanhado na rua em dia de futebol".

Há mais de 40 anos, Fernando Sabino fez um prognóstico que não se confirmou, isto é, que o rádio iria ficar cada vez mais escondido.

Ao contrário, não só ele é um veículo de comunicação que faz par com outros modos de comunicação no nosso dia a dia, como ele nos acompanha, não escondido na cozinha, como já foi num determinado momento ou num cantinho da sala, ou apenas, como brincou Sabino, com as cozinheiras e os motoristas de caminhão.

O rádio está conosco no carro, nas novas plataformas pela internet, pelo celular, em vários modos do nosso cotidiano.

Genial Fernando Sabino, mas, nesse caso, ainda bem, não estava certo.

Bons tempos

Frase muito dita por gente com mais idade: "Ah, no meu tempo é que era bom".

Existe essa ideia do tempo que já foi ser um tempo paradisíaco, um tempo de perfeição, de vida mais sossegada, de maior gostosura. Não necessariamente.

Pedro Nava (1903-1984), memorialista mineiro, escreveu em *Balão cativo* algo para meditarmos: "Para quem escreve memórias, onde acaba a lembrança, onde começa a ficção? Talvez sejam inseparáveis".

Dizendo de outro modo: Quando estou lembrando de algo, aquilo de que lembro é de fato o que era ou eu também ficciono um pouco, isto é, invento?

É muito provável que alguns de nós, aqueles que temos mais idade, ao dizermos "ah, no meu tempo, aqui era melhor", estejamos trazendo à tona lembranças de algumas coisas boas, mas pode também ser uma invenção. Pode ser um desejo de que antes tenha sido melhor do que hoje é. E esse território da memória não é tão nítido assim.

O que é uma memória que eu desejo que seja boa porque a inventei e o que é uma memória que de fato era daquele modo? Nós guardamos algumas coisas da infância que podem ser muito boas e outras, muito ruins, e uma parcela disso pode ser fruto da nossa própria ficção.

Por isso, a nostalgia pode nos fazer bem quando temos clareza de que não é uma mera invenção, embora a ficção nos ajude.

Positividade da incompetência urbana

Nós, homens e mulheres, vez ou outra, não conseguimos anular nas cidades aquilo que elas têm de mais especial, aquilo que elas têm de mais bonito. Portanto, há uma incompetência urbana da nossa parte que, em vários momentos, é positiva.

Por exemplo, quando o Rio de Janeiro fica em evidência, em algumas épocas do ano, lembramos de Paul Claudel (1868-1955), escritor e diplomata francês que serviu também como ministro plenipotenciário no Brasil durante a Primeira Grande Guerra.

Ele escreveu: "O Rio de Janeiro é a única grande cidade das que conheço que não conseguiu expulsar a natureza".

De fato, quando vamos ao Rio de Janeiro, ou vemos cenas da cidade, percebemos que essa incompetência para expulsar a natureza daquele lugar foi extremamente benéfica e trouxe um encantamento grande.

Não é à toa que tenha Paul Claudel por isso se encantado. Quando ele estava no Rio de Janeiro, que era a capital federal, fez vários textos com uma leitura mais poética da cidade. Mas o que eu acho mais apreciável é essa postura de ele identificar com uma expressão muito forte que é "expulsar a natureza", o que não conseguimos. E disse ele que, das grandes cidades, foi a única em que isso se deu.

Essa preservação distraída, porque ficamos desatentos, é boa demais.

Dormir a granel

Toda vez em que temos um momento de repouso, dá um gosto imenso esticar o tempo de sono. Algumas pessoas são capazes até de dizer: "Eu vou passar dois, três dias dormindo, eu quero aproveitar".

É claro que há muitas maneiras de aproveitar essa pausa, uma delas pode ser de fato dormir a granel. Esse período em que temos chance de dar uma parada, um momento de pausa nas atividades cotidianas, é chamado pelos judeus de "sabático" – apesar de muita gente entender sabático como um período de sete dias, não é isso, essa expressão significa interrupção do trabalho.

Quando estamos num período assim, dormir com mais extensidade pode ser algo agradável, em vários momentos, como escolha.

O escritor espanhol Ramón Gómez de la Serna (1888-1963) diz que: "Roncar é tomar ruidosamente uma sopa de sonho".

Parece um pouco alguns dos poemas feitos pelo nosso poeta Mario Quintana (1906-1994), por conta, até, do modo bem-humorado de colocar o ronco de forma poética, gostosa. Um olhar extremamente aprazível de algo que é muito perturbador, e que pode até ser indício de uma patologia, quando vem acompanhado de apneia.

Mas quando se vai descansar, tirar um cochilo, "roncar é tomar ruidosamente uma sopa de sonho".

Há épocas em que desejamos nos ensopar desse sonho.

Diferencial biológico

Temos a vantagem ferramental sobre outros animais. Nós não temos todas as vantagens, mas temos várias delas que, aliás, permitiram que nós, um animal frágil do ponto de vista da evolução biológica, que há 3 milhões de anos competia com muita dificuldade com as outras espécies, conseguiu ter um desenvolvimento mais proeminente (ainda que eventualmente destrutivo) em relação à presença no planeta.

O poeta norte-americano Ezra Pound (1885-1972) escreveu: "É sabido que a grande diferença do homem consiste em criar ferramentas separadas, recuperáveis. Ou seja, se o inseto carrega uma serra, carrega-a continuamente".

Quando Ezra Pound coloca isso no texto, ele não tinha ainda noção de algo que temos estudado na última década, que é o fato de outros animais, especialmente primatas, também serem capazes de usar ferramentas que são externas aos corpos deles. Mas à época em que Pound fez essa formulação, era claro que essa era uma grande vantagem para nós humanos.

Nós, na evolução, conseguimos fazer a extensão do nosso corpo por meio de um martelo, uma faca, uma clava, uma lança, uma serra, coisas que não fazem parte do nosso corpo, portanto, elas podem ser refeitas, reinventadas, recuperadas.

Essa é uma vantagem competitiva fortíssima, embora tenha levado a algumas desvantagens, ligadas à nossa capacidade destrutiva.

Mas olhando do ponto de vista construtivo, um inseto, se carrega uma serra, carrega para sempre; nós não, nós somos capazes de nos separar da ferramenta, aperfeiçoá-la, mudá-la, repará-la, deixá-la.

O engano que eleva

Às vezes, um percalço pode identificar mais uma qualidade do que um defeito.

O britânico Hesketh Pearson (1887-1964), um dos mais importantes biógrafos da passagem do século XIX para o século XX, nos intrigou com uma reflexão: "O homem muito lido nunca cita com precisão. A citação errada é o orgulho e o privilégio da pessoa culta".

Parece estranho, mas carrega, sim, uma possibilidade verdadeira. Afinal de contas, alguém que lê demais, já leu muito, nem sempre cita com toda precisão porque o faz de cabeça.

Alguns dos intelectuais mais brilhantes que conheço são capazes de dizer: "Se não me engano, disse tal pessoa". E, às vezes, se enganam.

Nessa hora, vale lembrar que o deslize, no caso, identifica mais alguém que lê bastante e que é capaz de errar, tal o acúmulo de conhecimento que tem, do que aquela pessoa que, lendo pouco, cita com absoluta precisão e sem erro.

Suavidade afetiva

Theodor Adorno, um dos imensos pensadores do século XX, integrou com Horkheimer, Habermas, Marcuse a famosa Escola de Frankfurt.

O pensamento contemporâneo não consegue ser identificado, melhorado e refletido sem o trabalho de Filosofia feito por Theodor Adorno (1903-1969). Ele tem uma obra, de 1945, chamada *Minima moralia*, em que, lembrando que a Segunda Guerra estava terminando, ensinou: "Serás amado apenas quando puderes mostrar sua fraqueza sem provocar nenhuma força".

Pensamento profundo, porque quando mostramos fraqueza, por vezes a pessoa do outro lado usa essa condição para vir contra nós e não para se aproximar de maneira acolhedora. Nessa hora, claro que o amor se ausenta.

A própria possibilidade de ser amado ou ser amada, nesse campo da Filosofia de Adorno, traz uma conduta ética.

Essa suavidade afetiva é a expressão de uma amorosidade que não se beneficia, não leva vantagem quando alguém demonstra fraqueza, ao contrário, essa fraqueza aparece como transparência, eventualmente, como necessidade de ajuda, porém, jamais, como uma ocasião de pressionar o outro.

Compreensão ampliada

Os latinos têm uma expressão que, em português, não é tão usada no dia a dia, embora no campo mais acadêmico ela venha à tona, que é "ubiquação". Ela significa o lugar certo de algo.

Ubicar é achar um lugar, colocar em um lugar. Várias coisas precisam ser melhor ubicadas, uma delas é a que se refere ao que é belo e ao que é feio na vida.

O poeta francês Pierre Gringoire (1475-1538) disse que "não existem amores feios nem prisões belas".

Isso, sim, é colocar as coisas no lugar. Não há amor feio, pode ser que alguém que olhe externamente possa até dar a identidade de feiura a algo que é amorosidade, mas, sem ser piegas, todo amor tem a sua beleza, assim como toda prisão tem a sua feiura.

A ideia de algo que retém, constrange e infelmiza mesmo aqueles que merecem, ainda assim, não há possibilidade de se identificar ali alguma beleza.

A amorosidade sempre é bela, a prisão sempre é feia, e isso vai construindo o lugar que precisamos ter como compreensão das coisas.

Fidelidade enganosa

Não é incomum que se diga que alguém tem "fidelidade canina". O cão é um animal que conosco vive há alguns milhares de anos e, nesse tempo, identificamos nele a fidelidade. Mas não é sempre assim que se deve pensar.

O pensador austríaco Karl Kraus (1874-1936), no livro *Ditos e desditos*, desmonta um pouco essa percepção de fidelidade canina. Nos tempos atuais, seria algo equivalente a "fidelidade a quem, cara pálida?" Kraus disse: "Não há dúvida, o cão é fiel! E por isso devemos tomá-lo como exemplo? No fundo, é fiel ao homem, não ao cão".

É bom para refletir.

No fundo, o cão é fiel ao homem, e não ao cão; portanto, quase que se lembraria "que fidelidade é essa que se dá fora do seu grupo, no caso, entre animais fora da sua espécie?"

É fiel a nós, portanto nos interessa, mas, com relação a outros cães, não é fiel obrigatoriamente. Nós temos relatos de cães que são fiéis a outros cães, mas a nossa lógica cotidiana é sempre imaginar esse cão fiel a nós humanos e infiel a outro cão.

Nesse momento, a fidelidade fica muito parcial e, portanto, precária.

Irritação criativa

Às vezes, somos acometidos por uma perturbação, aquela coceira interna que nos leva a criar, a ir adiante, a partir em busca do novo e não ficar apenas na repetição.

Érico Veríssimo (1905-1975), que fez trabalhos fora do Brasil, registrou experiências quando esteve no México, país que virou título de um livro publicado em 1957. Nele, anotou: "Um japonês descobriu que, provocando uma irritação em certa parte anatômica da ostra, pode-se pôr o bicharoco a produzir uma secreção que, com o tempo, florescerá numa pérola. Pois creio que o romance é o produto da irritação do romancista. Mas tem de ser um tipo especial de irritação".

Alguns escritores e escritoras identificam onde é que, se fazendo a coceira, provocando a irritação, o romance vem à tona. Esses são os grandes.

Outros não conseguem, a irritação se torna mera chateação, resmungo, rabugice.

Érico Veríssimo, sem dúvida, foi um desses com irritação criativa, tal como ele lembrou: quando feita na ostra mais tarde se torna pérola.

É muito expressivo que o romancista produza uma obra porque ele tem uma coceira interna, e essa irritação só acalma e sossega com a produção de algo que nos alegra e nos encanta.

Presença enfadonha

Existem pessoas com quem convivemos, mas desejaríamos que ficassem mais distantes. Uma distância almejada, que nos gera algo gostoso ter de vez em quando, que é saudade, impossível quando da presença contínua.

Há pessoas que ficam o tempo todo grudadas, com um "comportamento chiclete". Não te deixa, não te larga. Há momentos em que é agradável, mas nem sempre o é.

Por incrível que pareça, isso desde o mundo latino vem gerando preocupações. Propércio (43 a.C.-17), poeta do século I a.C., escreveu: "Quando um amante está distante, mais quente se faz o desejo. O hábito deixa o amado fastidioso".

Fica enfadonha a presença quando ela é muito contínua. Isso não vale apenas no campo do amor. Fazendo uma reflexão que pode parecer banal, mas tem uma conexão com isso: "a fome é o melhor tempero". A ausência de alimento faz crescer o apetite.

Até quando se sai num final de semana, com as mesmas pessoas, do mesmo modo, com gente que não te larga, fica fastidioso. Quando um parente vem te visitar (e às vezes a gente é esse parente) e fica na casa três dias, já começa a ficar meio estranha a relação.

Por isso, há uma distância almejada, que é aquela que gera saudade.

Vá, que eu vou querer que você volte.

Confiança frágil

Há algumas crenças, seja de natureza científica ou religiosa, que não têm fundamentação.

É muito curioso que muitas pessoas, lendo o jornal, ouvindo o rádio, vendo a tevê sejam capazes de duvidar da previsão do tempo, mas acreditem no horóscopo. Há pessoas que consideram a previsão do tempo um campo sem credibilidade, mas utilizam o horóscopo como fonte de referência ou até pautam a conduta naquele dia por aquilo que os signos anunciam.

Claro que há uma possibilidade de crença nisso, mas há uma diferença forte entre astrologia e meteorologia. O tipo de fundamento, de conhecimento que se usa, de raciocínio, de variáveis que são estudadas (sem desprezar quem tem alguma crença na astrologia) confere à meteorologia um embasamento muito mais sólido. Isso, no entanto, não é consenso.

Por exemplo, Ramón Gómez de la Serna (1888-1963), jornalista espanhol que escreveu o livro *Greguerías*, em 1917, definiu meteorologia como "mentirologia". Ele viveu até meados do século XX, época em que não havia tanto embasamento na previsão do clima. Mas a meteorologia, desde que apareceu, tem um nível muito maior de precisão, de fundamentação do que a astrologia.

Ainda assim, há pessoas que acreditam em horóscopo, mas duvidam da previsão do tempo.

Fonte generacional

Na sua inesquecível obra *Memórias póstumas de Brás Cubas*, Machado de Assis (1839-1908), intitulou um dos capítulos, que é mais uma frase do que um título em si: "O menino é o pai do homem".

Afinal de contas, um jovem tem a paternidade em relação àquilo que se tornará no futuro.

O filósofo espanhol Miguel de Unamuno (1864-1936), que morreu em prisão domiciliar, era um opositor à ditadura do General Franco, em *Ensaios*, redigiu: "Quase sempre me vi tratado de menino velho, o que me consola, pois creio que é o melhor caminho para chegar a velho menino".

Interessante essa percepção de Unamuno, tal como a de Machado de Assis. Embora tenha morrido aprisionado, o espanhol viveu o suficiente para produzir uma obra cheia de vitalidade.

Essa fonte em que o menino gera o homem e, portanto, é seu pai no sentido de geração, aparece também em relação ao velho menino, lembrada por Unamuno.

Retorno perene

Uma renovação persistente é o que faz com que as coisas não sejam o tempo todo do mesmo modo. Nem em nós, nem no mundo à nossa volta, nem a nossa presença no mundo.

Há uma constância na realidade que é a sua forma contínua de mudança.

Retoma-se aí a famosa frase do filósofo Heráclito (aprox. 535 a.C.-475 a.C.), que no século VI a.C. produziu a máxima: "A única coisa permanente é a mudança".

Há algo aí que nos remete àquele que é o maior exemplo de recomeço: o mar.

O simbolista francês Paul Valéry (1871-1945) tem, entre seus poemas, um estupendo chamado *O cemitério marinho*, que tem o verso: "O mar, sempre recomeçar".

Quem já esteve na beira do mar sabe que uma das coisas que mais impressiona é exatamente a renovação, o recomeço, as ondas que chegam, fazem o seu volteio na areia e voltam. O mar como sendo um movimento contínuo de alteração.

Quando se olha de fora a imagem do nosso planeta, quase que a totalidade dele é composta de água, que está em constante movimento. Não é estranho que a ciência aponte a possibilidade de que a própria vida tenha vindo do mar, de um caldo primal e depois rumou em direção à terra.

Nós, terráqueos, no duplo sentido da palavra, temos de lembrar esse exemplo do mar e sempre recomeçar.

Autocrítica superficial

Certas pessoas são capazes de criticarem a si mesmas em relação a determinados aspectos, mas deixam de lado aquilo que seria objeto de uma autocrítica mais densa. O que significa uma forma, ainda que leve, de arrogância, por supor que não existem coisas relevantes a serem criticadas, o que não deixa de ser um movimento de aprovação.

Não é verdade. François de La Rochefoucauld (1613-1680), um moralista francês, escreveu em sua obra de 1664, chamada *Reflexões*: "Todos se queixam da própria memória, mas do próprio juízo ninguém se queixa".

Não é incomum encontrar pessoas que falam: "Olha, estou ficando com a memória fraca, estou perdendo a capacidade de lembrar de coisas, já não recordo mais de tudo como era, acho que é a idade".

Olha que coisa: reconhece algum tipo de desvio ou de equívoco no campo da memória, mas não critica do mesmo modo aquilo que é o juízo, o julgamento, a própria sanidade. É interessante como a memória é entendida como sinal de inteligência e, portanto, de sanidade.

E ela é só uma das habilidades da inteligência humana. Não é exclusiva, nem a principal. Embora, sem dúvida, seja importante. Mais importante para nós que a memória em si é a capacidade de estar no seu juízo, de fazer bons discernimentos, boas avaliações.

Mas a memória parece imperar.

Mito histórico

Em alguns momentos da história de um país, de uma sociedade, até de uma família se constrói toda uma mitologia. Não há nitidez para saber se algo de fato aconteceu ou foi imaginado.

A suspeita não descarta a possibilidade de haver nessa crença alguma verdade.

O pensador francês Diderot (1713-1784), autor de *A enciclopédia*, obra decisiva no século XVIII, publicada em 28 volumes entre 1750 e 1772, foi o mais enfático defensor da antimonarquia e da anticlericalidade. Se havia algo que o irritava era o estado monárquico e o estado clerical, isto é, a Igreja Católica na época.

Sempre sagaz, Diderot dizia: "Todos os povos têm desses fatos aos quais para serem maravilhosos só falta serem verdadeiros, com os quais tudo se demonstra, mas não se prova; os quais ninguém ousa negar sem passar por herege e nos quais ninguém ousa acreditar sem passar por imbecil".

É forte.

Nacionalidade ambulante

Apesar de a ideia de nação estar vinculada a um território determinado, com as suas fronteiras, com a sua geografia de base material, a nacionalidade é algo que anda com a pessoa.

Quem mais deixou isso claro foi Thomas Mann (1875-1955), estupendo escritor alemão, Nobel de Literatura em 1929.

Durante o governo nazista, ele perdeu a cidadania alemã e foi viver na Suíça, depois nos Estados Unidos, onde lecionou na Universidade de Princeton. Perseguido pelo macarthismo, aquele que acusava as pessoas de comunistas, teve de sair de novo e retornou à Suíça, país em que morreu.

Thomas Mann dizia: "Onde eu estou é Alemanha".

Claro que ele não está sendo patriota no sentido torto do termo. Ele está dizendo que o alemão, estando onde estiver, a Alemanha estará com ele. Evidentemente ele não era só Alemanha, mas era onde estavam as raízes dele.

Aquilo que Fernando Pessoa (1888-1935) também deixou claro em relação a contar a aldeia e contar o mundo, em relação ao Tejo, o seu rio de infância. Isso vale também para Thomas Mann, a ideia de uma nacionalidade que vai com a pessoa.

Onde eu estiver, está a minha raiz, o país onde nasci, a minha história.

Por isso, uma nação se move junto com pessoas que passam por outras nações sem perder a identidade e a característica.

Eloquência manufaturada

As mãos falam também.

Tomemos a ideia de eloquente como aquele ou aquela capaz de falar bem ou manifestar-se bastante na fala oral ou com as mãos. Vários de nós, especialmente os latinos, temos o hábito de movimentar as mãos quando falamos.

No entanto, há um outro modo dessa eloquência das mãos.

William Shakespeare, um homem que não é lembrado somente pela literatura especial que produziu, mas porque é uma das poucas pessoas famosas que nasceu e morreu no mesmo dia do mês: nascido em 23 de abril de 1564 e falecido no dia 23 de abril em 1616, nos ilumina nesse ponto das mãos.

No terceiro ato da tragédia *Júlio César*, colocou na boca de Casca, um dos assassinos do ditador romano, uma expressão curta e densa: "Falai mãos por mim".

Sabe-se que Júlio César foi assassinado a punhaladas dentro do senado romano. Por isso, quando Casca, na tragédia escrita por Shakespeare, enuncia essa expressão é a eloquência manufaturada.

As mãos que vão tornar possível aquilo que a mente está desejando e procurando. Com uma frase extremamente sintética, Shakespeare consegue capturar o desejo, que várias vezes se tem, de fazer as mãos operarem aquilo que é a nossa subjetividade.

Automatismo sedutor

Às vezes, há uma tendência à perda da sensibilidade para aquilo que é mais natural em relação à nossa convivência, ao nosso consumo, ao nosso meio ambiente.

Não é só o natural idealizado, romantizado, porque nem sempre isso pode ser trazido como um momento elevado. Doenças podem ser naturais, catástrofes podem vir de maneira natural. Então não se trata de romantizar a natureza. Mas existe, sim, aquilo que é mais voltado para a espontaneidade e menos pela artificialidade.

George Bernanos (1888-1948) foi um jornalista francês que viveu exilado no Brasil durante a ocupação nazista. A cidade em que ele mais morou aqui foi Barbacena, em Minas Gerais, embora tenha vivido também em outras localidades.

Ele tem uma obra, cujo título é *O caminho de Cruz das Almas*, que fica na Bahia. Nela escreveu: "O perigo não está na multiplicação das máquinas, e sim no número cada vez maior de pessoas habituadas desde a infância a só desejar o que as máquinas podem lhes dar".

Ele escreve isso nos anos de 1940!

Hoje teria um impacto e uma importância muito maiores. Essa sedução do artificial, esse enlevo que temos em muitos momentos com o que nos tira de conexão com aquilo que é produção nossa, e não obrigatoriamente plastificado, marca uma perda de sensibilidade.

Reciprocidade irada

Existe reciprocidade quando alguém de quem não gostamos de nós também não gosta. Não é incomum encontrarmos uma pessoa que se especializa em falar mal de nós. E essa pessoa acaba também não sendo por nós gostada.

Gente com quem até podemos ter uma relação hipócrita, conforme denominavam os gregos. Essa palavra vem do teatro. "Hipócrita" é aquele que fala por baixo, aquele que tem um texto escondido. No teatro, era a personagem que ficava nos bastidores, não deixando claro qual era o papel que estava desempenhando.

Sacha Guitry (1885-1957), ator russo que adquiriu nacionalidade francesa, fez muitas obras no cinema francês e algumas poucas no cinema norte-americano. Um dia, Guitry disse: "Se os que falam de mim soubessem exatamente o que penso deles, falariam ainda pior".

Isso é dar razão, com toda alegria, inclusive, a quem fala mal de nós, porque a avaliação daquela pessoa é tão ruim que se ela soubesse como é avaliada, como é rejeitada, como ela é desgostada, essa pessoa que fala mal falaria pior ainda.

Precocidade aprazível

Algumas pessoas morrem numa idade bastante jovem. O que por vezes chamamos de idade precoce. Afinal, ninguém deseja que as pessoas não tenham longevidade, essa precocidade sempre nos surpreende.

Quando a finalização da vida se dá de maneira precoce, sendo a pessoa pública, considerada heroica, isso potencializa imensamente a admiração, pois se imagina o que essa pessoa seria capaz de fazer se viva continuasse.

Muita gente no nosso dia a dia acaba sendo objeto de imensa admiração porque não teve chance, dada a sua partida precoce, de errar mais ou de errar em algum momento ou de desprovar aquilo que houvera provado.

Plauto (aprox. 254 a.C.-184 a.C.), dramaturgo romano do século III a.C., com obras de grande influência no teatro ocidental, escreveu nas *Bacantes*: "Aquele a quem os deuses estimam morre jovem".

Por quê? Porque a morte precoce de alguém por quem se tem algum tipo de admiração faz com que a pessoa ganhe ares de mais herói, às vezes até de santidade.

Estupidez perigosa

Uma das coisas mais arriscadas da vida é a pessoa que tem poder e influência ser marcada pelo comportamento estúpido.

Ninguém está isento de atos de estupidez; no entanto, a maneira tola de agir, o modo idiota de pensar, quando acomete alguém que tem influência ou poder, que tem capacidade de gestão, que tem autoridade sobre outro, ela se coloca num patamar muito mais perigoso e se torna, portanto, temerária.

Frase das mais horrorosas que já li e que gosto de meditar sobre ela para que a gente não caia nessa armadilha é de Adolf Hitler (1889-1945), pouco admirável em sua trajetória.

Sua obra principal, *Minha luta*, ajudou a criar algumas das bases teóricas do que foi depois o nazifascismo na Europa e ainda hoje influencia algumas pessoas. Nela, Hitler escreveu: "Temos de ser cruéis, temos de recuperar a consciência tranquila para sermos cruéis".

Parece, à primeira vista, uma oposição entre consciência tranquila e crueldade. O exercício da crueldade como sendo possível, a partir de uma consciência que não se envergonha da crueldade praticada.

É aí que eu coloco essa perspectiva da estupidez perigosa. Relacionar tranquilidade da consciência para a prática da crueldade é absolutamente estúpido.

E Hitler também o foi.

Perícia volátil

Amplidão restrita é uma expressão que pareceria fora de propósito. Mas ela acontece em várias atividades. Vários de nós, à medida que vamos progredindo nas nossas habilidades e competências, nas nossas perícias, vamos ficando mais especializados e, portanto, perdendo essa amplidão que o tempo de prática até admitiria.

Vale especialmente para o campo da arte, mais ainda para o cinema, no teatro, na área da interpretação.

Quem trabalhou bem essa perspectiva foi o romancista britânico William Somerset Maugham (1874-1965), que, embora nascido em Paris, estava na embaixada britânica de propósito, o pai dele assim o desejou, ganhou a cidadania britânica. E ele é mais conhecido por um livro que virou filme, *O fio da navalha*. Teve várias obras adaptadas para o cinema, mas esta ganhou pelo menos quatro versões diferentes no século XX.

Somerset Maugham escreveu um dia: "Quando um ator finalmente aprende a interpretar todos os tipos de papéis, geralmente está velho demais para eles e só pode interpretar alguns poucos".

Essa é a ideia da amplidão restrita.

À medida que se consegue ter a capacidade de ampliar o leque de competências e habilidades, isso pode limitar a nossa demanda, a capacidade de nos procurarem para fazer apenas algumas coisas nas quais nos consideram peritos, embora até, tal como o ator, fôssemos capazes de interpretar outros papéis.

Mas aí, só nos restam alguns poucos.

A música como desafio

A criação humana, uma das coisas mais intrigantes da nossa espécie, é a nossa possibilidade de inventarmos o que não é imediatamente útil. De criarmos o que não tem uma finalidade de base ideológica. A música é uma delas, tal como a poesia – ou a Filosofia, como diriam alguns.

Não se faz música ou poesia porque isso nos permite nadar melhor ou que fiquemos mais protegidos em relação às intempéries da natureza ou que nos permita plantar mais alimentos. Há uma capacidade de produzir algo que ultrapassa a própria natureza e que não é útil apenas para a nossa sobrevivência.

O filósofo alemão Walter Kaufmann (1921-1980), na obra *A vida nos seus limites*, tem uma frase longa, mas que vale a reflexão: "Se a música é uma rejeição triunfante do mundo em que nascemos, um não à natureza, um corajoso desafio a Deus e aos deuses e a toda espécie de poderes não humanos e que se pensa em moldar o cosmos, é um mundo rival feito pelo homem".

O nosso mundo, o mundo da natureza, aquilo que já tínhamos quando aqui chegamos e evoluímos como espécie, ele tem os seus sons, os seus ruídos, mas a música é o nosso mundo rival.

É a nossa maneira de criar algo que não é um espelho em si da natureza, mas é criação humana e, portanto, expressa também um desafio de absoluta criatividade e nos coloca na fruição, no aproveitamento do que ultrapassa o imediato.

Cansaço interrompível

Várias vezes se deseja descansar e alguns identificam na nossa finitude, na nossa morte a ideia de descanso. Tanto que existem expressões como "descanse em paz" e "nessa vida de labuta, uma hora eu terei o descanso eterno".

Encarar a morte como sendo solidária, em vez de encará-la como ameaça é algo muito presente na Literatura, na poesia, na Filosofia. Afinal, a vida produz, sim, um certo cansaço, que, para alguns, seria interrompido pela nossa mortalidade; portanto, se olharia a morte como uma bênção, e não um defeito da nossa formação biológica.

O escritor norte-americano Mark Twain (1835-1910) disse: "Quem viveu bastante para descobrir o que é a vida, sabe que dívida de profunda gratidão devemos a Adão, primeiro grande benfeitor de nossa raça. Foi quem trouxe a morte ao mundo".

Claro que Mark Twain faz referência a uma das narrativas do judaísmo, que o cristianismo e o islamismo absorveram, que é a ideia de que Adão e Eva, supostos primeiros humanos, ao desobedecerem a Divindade, tiveram como condenação a expulsão do Paraíso, e, como consequência, a mortalidade. Portanto, se diz que foi Adão simbolicamente quem trouxe para o mundo a morte.

Como diz Mark Twain, nós temos uma profunda gratidão, uma dívida com Adão, que foi nosso grande benfeitor ao introduzir a interrupção da labuta.

Proveito urgente

A clássica expressão "do mundo nada se leva" é entendida por alguns como um elogio ao "aproveite o dia", o famoso *carpe diem*, dos romanos antigos. A perspectiva de não se deixar a vida escorrer.

É claro que há momentos em que essa ideia de aproveitar a vida, dado que "do mundo nada se leva", ganha uma contorção de algo mais urgente. No entanto, essa ideia de "do mundo nada se leva" pode ser pensada numa outra perspectiva.

O escritor carioca Millôr Fernandes (1923-2012), no *Dicionário de ideias imediatas*, registrou: "Deste, nada se leva, dos outros se traz apenas pedras para exame de laboratório".

Millôr está se referindo a algo muito interessante, que foi a chegada dos primeiros artefatos humanos a outros mundos, entendidos assim como a lua ou o planeta Marte. Aquilo que nos encanta nas últimas décadas, que é a possibilidade de encontrar não só vida como outros mundos, outros satélites, e de lá termos algum tipo de compreensão sobre a nossa própria origem.

Ainda assim, brinca Millôr, e nos traz uma outra questão: "Para que ir até outros mundos se este tem tantos problemas no dia a dia?" Evidentemente, essa visão é um pouco reduzida, à medida que a ciência avança, busca aquilo que nos permite compreender melhor a nossa origem e o mundo em que estamos.

Mas vale pensar.

Insistência honrosa

A luta gloriosa é marcada pela capacidade de não desistir, de insistir, de não deixar de lado aquilo que tem de ser feito. Algumas pessoas carregam a perspectiva de que precisamos evitar alguns tipos de combate.

É necessário lembrar que a insistência, a persistência, a resistência são decisivas para que sejamos capazes de fazer aquilo que precisa emergir.

O escritor e diplomata sergipano Gilberto Amado (1887-1969), em *Depois da política*, afirmou: "É preciso, em certas ocasiões, dar murros em ponta de faca".

Essa expressão em nosso idioma tem sempre o sentido de ficar socando aquilo que vai nos machucar. Portanto, seria a expressão da inutilidade. Seria aquilo que não deve ser feito, porque não se chega a lugar nenhum, apenas machuca quem o faz.

No entanto, no campo da ação, daquilo que é honrado, que faz com que haja uma decisão, vale retomar o sentido da frase de Gilberto Amado. Quando se tem um projeto, uma defesa de algo decente, quando é necessário enfrentar estruturas que degradem a convivência coletiva, quando é preciso lutar para que a injustiça não ganhe terreno, aí, sim, dar murro em ponta de faca é muito honroso.

Paz ativa

Ser pacífico não significa de modo algum ser passivo.

Gandhi (1869-1948), que morreu assassinado, escreveu em *Cartas a Ashram*: "A não violência completa é a ausência completa de má-fé para com tudo o que vi. A não violência sob uma forma ativa é a boa vontade para com tudo que vi. Ela é amor perfeito".

O que é esse amor perfeito? A não violência na forma ativa. A ideia de não se ter má-fé em relação a tudo que existe.

Essa percepção de Gandhi – não por acaso chamado de Mahatma Gandhi, o homem mais elevado, mais abençoado – expressa que a não violência é a ausência completa de má-fé para com tudo que vive.

Essa concepção envolve, já nos anos de 1940, a ideia de ecologia, de meio ambiente, no qual nós tenhamos a capacidade de existir sem degradar, de uma sociedade que não esgote a sua capacidade de convivência e de vivência. Portanto, uma paz ativa.

Recusa à futilidade

Há muitos homens e mulheres que passam por uma existência superficial, rasa, epidérmica, em que se ocupam apenas das próprias questões, angústias e problemas.

Claro que ninguém advoga que se deva ficar vivendo apenas em função de outras situações. O próprio indivíduo, ao olhar para aquilo de que necessita, também demonstra a capacidade de cuidado.

Mas fazer só isso, esse modo narcísico de existir, de ter uma superficialidade no trato com as outras pessoas e com o mundo ao seu redor, em geral, acaba levando a uma vida infértil.

Ralph Waldo Emerson (1803-1882), filósofo norte-americano, tem uma obra chamada *A conduta para a vida*, que contém uma sentença de muita profundidade: "Torna-te necessário a alguém".

Em outras palavras, a capacidade de não ser inútil. Ele aponta um caminho para que a nossa existência, em suas múltiplas dimensões, não seja marcada pelo vazio, pela futilidade.

Tornar-se necessário também para a outra pessoa, e não apenas para si mesmo, é algo que engrandece.

Perda multiplicada

Na história individual e coletiva, lidamos com a morte de pessoas. Embora a possibilidade de deixar de viver seja parte da própria existência, a clássica ideia de que "para morrer basta estar vivo" carrega a ideia de deixar de existir.

Mas a nossa morte não se dá apenas e tão somente no momento em que as funções vitais se encerram. Existem mortes cotidianas, mesmo que continuemos vivos.

Há a morte da esperança, a morte dos valores que se deva defender, a morte da expectativa, a decepção também é um tipo de morte.

Publílio Siro (85 a.C.-43 a.C.), escritor latino no século I, em seu *Sentenças*, fez uma reflexão sobre a perda de pessoas: "O homem morre tantas vezes quantas vezes perde os seus". A perda de outras pessoas nos leva a ter a vivência dessas mortes.

A ideia de luto não deve persistir sem término, porque aí se transforma numa tristeza que cai no território da depressão e acaba sendo extremamente maléfica.

Mas não devemos deixar de lado a perspectiva de que, quando alguns dos nossos morrem, nós também morremos um pouco.

Boa lembrança

Eu tenho algo que ativa a reinvenção do desejo, da lembrança boa, todas as vezes que ouço uma canção do Zé Keti (1921-1999), a marcha-rancho que venceu o carnaval de 1967, chamada *Máscara negra*.

Sempre que eu ouço essa música ou que lembro a letra, reinvento o desejo do carnaval que eu curti em alguns momentos, do encontro com algumas pessoas. E aí a música acaba sendo veículo da minha própria história, mesmo que não fosse como eu gostaria que tivesse sido, ainda assim o foi de um modo bom.

Só para pegar um trecho da letra da *Máscara negra*: "Foi bom te ver outra vez/Tá fazendo um ano/Foi no carnaval que passou/Eu sou aquele pierrô/Que te abraçou e te beijou, meu amor". A necessidade de se apresentar de novo, essa música traz a possibilidade da recordação.

Recordar significa fazer passar de novo pelo coração. Recordação, aquela que aviva a boa lembrança.

Por isso, mesmo que não se saia mais para baile de carnaval como já se saiu, ouvir *Máscara negra* traz boas lembranças.

Ingestão reveladora

Num período de descanso, muitos de nós saímos para conversar, para comemorar e, alguns, para bebericar.

Quando a pessoa abusa da bebida alcoólica, diz-se que ela "ficou fora de si". E cabe aí uma questão: Ficou fora de si ou ficou dentro de si? O consumo eventual de álcool por algumas pessoas faz com que ela se esconda ou se revele? Quando se diz que "ela ficou fora de si", se quer dizer que ela saiu de dentro para fora ou que ela não é mais aquela pessoa que enxergávamos antes? Ou essa pessoa, ao se descontrolar, revela o que de fato pode ser?

O ensaísta britânico Thomas de Quincey (1785-1859) escreveu: "É absurdo dizer, conforme a linguagem popular, que alguém se esconde na bebida. Ao contrário, a maioria se esconde na sobriedade".

A ideia de estar sóbrio, em vários momentos, faz com que alguns dissimulem aquilo que podem dizer, pensar, praticar, fazer. E, como lembrou De Quincey, essa pessoa quando bebe se expõe, em vez de se esconder.

A sobriedade, portanto, é que seria o lugar em que nós baixamos a cortina. Para muita gente, a não sobriedade é que é reveladora.

Decisão imediata

O protagonismo decisivo se origina da ideia de não adiar, não procrastinar, não deixar de tomar uma decisão que precisa ser imediata. São aquelas situações que nos obrigam a fazer uma escolha que não pode demorar.

Há uma frase clássica que William Shakespeare (1564-1616) colocou na fala de Hotspur, na peça *Henrique IV*, um cavaleiro inglês do começo do século XV: "Ou afundar ou nadar".

Em inglês, faz mais sentido pelo trocadilho: *Or sink or swim*.

Esta é uma ideia de uma escolha que não pode ser demorada. Ou espera, aguarda, adia e afunda, ou nada, vai atrás, procura enfrentar, busca. Há momentos na nossa vida em que essa expressão faz muito sentido. Ou "levanta, sacode a poeira e dá a volta por cima", que seria o outro modo, como lembrou Paulo Vanzolini em sua música *Volta por cima*.

E, mais do que tudo, a ideia de iniciativa, de um protagonismo que não admite o retardamento da decisão.

Ou afundar ou nadar.

Conecte-se conosco:

- facebook.com/editoravozes
- @editoravozes
- @editora_vozes
- youtube.com/editoravozes
- +55 24 2233-9033

www.vozes.com.br

Conheça nossas lojas:

www.livrariavozes.com.br

Belo Horizonte – Brasília – Campinas – Cuiabá – Curitiba
Fortaleza – Juiz de Fora – Petrópolis – Recife – São Paulo

EDITORA VOZES LTDA.
Rua Frei Luís, 100 – Centro – Cep 25689-900 – Petrópolis, RJ
Tel.: (24) 2233-9000 – E-mail: vendas@vozes.com.br